Entendiendo el Mensaje de 1888

Lecciones sobre la Fe

Edición Original

Ellet J. Waggoner

&

Alonzo T. Jones

Copyright ©2023
LS COMPANY
ISBN: 978-1-0879-8137-6

Contenido

Prefacio 5

Capítulo 1—Viviendo por la Fe 7

Capítulo 2—Lecciones Sobre la Fe 11

Capítulo 3—También por Nosotros 31

Capítulo 4—Creación o Evolución ¿Cuál de las Dos? 34

Capítulo 5—La Fe que Salva 45

Capítulo 6—El Fin de la Ley es Cristo 47

Capítulo 7—Vida Abundante 49

Capítulo 8—Fe 51

Capítulo 9—Gracia sin Medida y sin Precio 54

Capítulo 10—¿Gracia o Pecado? 56

Capítulo 11—No Recibáis en Vano la Gracia de Dios 58

Capítulo 12—Carne de Pecado 61

Capítulo 13—No al Formalismo (I) 63

Capítulo 14—No al Formalismo (II) 66

Capítulo 15—Ministros de Dios 68

Capítulo 16—Guardados por su Palabra 71

Capítulo 17—El Poder de la Palabra (I) 73

Capítulo 18—El Poder de la Palabra (II) 76

Capítulo 19—Viviendo por la Palabra 78

Capítulo 20—Gálatas 1:3-5 81

Capítulo 21—Gálatas 2:20 83

Capítulo 22—Gálatas 3:10-14 85

Capítulo 23—Gálatas 5:3 87

Capítulo 24—Gálatas 5:16-18 90

Capítulo 25—Gálatas 5:22-26 93

Capítulo 26—La Perfección Cristiana 97

Prefacio

Hacia finales del siglo pasado, el Señor envió un mensaje de justicia a la Iglesia Adventista del Séptimo Día, mediante los pastores E.J. Waggoner, y A.T. Jones. Dicho mensaje se destacó en la Asamblea de la Asocia-ción General de 1888 que tuvo lugar en Minneapolis, así como en las de la década que siguió. E. White lo identificó como el comienzo del fuerte clamor del tercer ángel, que alumbraría toda la tierra con su gloria.

El fuerte clamor se habría de extender como el fuego en el rastrojo. ¿Qué le sucedió? El hecho de que estemos todavía esperando el regreso de Jesús un siglo después es una evidencia abrumadora de que no se aceptó la luz.

En 1895 Ellen White advirtió que aquellos que rechazaban a los mensajeros delegados de Cristo y al mensaje que traían, estaban rechazando a Cristo. Algunos dijeron, "Eso es solamente excitación. No es el Espíritu Santo, ni aguaceros de la lluvia tardía celestial". Hubo corazones llenos de incredulidad, que no se alimentaron del Espíritu.

En 1901 escribió que, debido a la insubordinación, podíamos tener que permanecer aquí, en este mundo, por muchos más años. (Evangelismo, p. 505).

Desde entonces han pasado más de 90 años. ¿Cuál es hoy nuestra ac-titud hacia el mensaje de justicia que Dios envió a través de los pastores Waggoner y Jones? ¿Estamos resistiendo esa luz? ¿Conocemos siquiera de qué se trata? En Testimonios para los Ministros, p. 91, se afirma que los pastores Waggoner y Jones fueron enviados con un precioso mensaje. En el mismo capítulo (p. 96), se formula la pregunta de hasta cuándo duraría el odio y el desprecio hacia los mensajeros de la justicia de Dios, y hasta cuándo sería rechazado el mensaje que Dios les encomendó.

Creemos que la luz que el Señor dio mediante los pastores Waggoner y Jones ha permanecido en el desconocimiento durante muchos años. Pero ahora, una vez más el Señor ha enviado su Espíritu Santo para traer esa luz a la Iglesia Adventista del Séptimo Día. En cualquier librería de iglesia, están hoy disponibles dos libros del pastor Waggoner: Cristo y su justicia y Las buenas nuevas. Nuestro propósito con este libro, es hacer asequible más material de los pastores Waggoner y Jones. El Señor ha enviado luz para quebrantar el poder de Satanás en la vida, y traer la jus-ticia perdurable. Pidámosle corazones llenos de confianza en Jesús, para que bebamos de su Espíritu, y recibamos gozosamente la luz que ha de alumbrar toda la tierra con su gloria.

Capítulo 1—Viviendo por la Fe

Ellet J. Waggoner

"El justo vivirá por la fe"

(Rom. 1:17)

Esa declaración es el resumen de lo que el apóstol desea explicar acerca del evangelio. El evangelio es poder de Dios para salvación, pero solamente "a todo aquel que cree"; en el evangelio se revela la justicia de Dios. La justicia de Dios es la perfecta ley de Dios, que no es otra cosa que la transcripción de su propia recta voluntad. Toda injusticia es pecado, o transgresión de la ley. El evangelio es el remedio de Dios para el pecado; su obra, por consiguiente, debe consistir en poner a los hombres en armonía con la ley –esto es, que se manifiesten en sus vidas las obras de la ley justa–. Pero esa es enteramente una obra de la fe –la justicia de Dios se descubre "de fe en fe"–, fe al principio y fe al final, como está escrito: "el justo vivirá por la fe".

Eso ha venido siendo así en toda época, desde la caída del hombre. Y lo seguirá siendo hasta que los santos de Dios tengan escrito su nombre en sus frentes, y lo vean como Él es. El apóstol tomó la cita del profeta Habacuc (2:4). Si los profetas no lo hubiesen revelado, los primeros cris-tianos no lo habrían podido conocer, ya que disponían solamente del Antiguo Testamento. Decir que en los tiempos antiguos los hombres no tenían sino una idea imperfecta de la fe, equivale a decir que no había ningún hombre justo en aquellos tiempos. Pero Pablo retrocede hasta el mismo principio y cita un ejemplo de fe salvífica. Dice: "Por la fe Abel ofreció a Dios mayor sacrificio que Caín, por la cual alcanzó testimonio de que era justo" (Heb. 11:4). Dice asimismo de Noé, que fue por fe que construyó el arca en la que fue salva su casa; "por la cual fe condenó al mundo, y fue hecho heredero de la justicia que es por la fe" (Heb. 11:7). Se trataba de fe en Cristo, ya que era fe salvadora, y tenía que ser en el nombre de Jesús, "porque no hay otro nombre debajo del cielo, dado a los hombres, en que podamos ser salvos" (Hech. 4:12).

Demasiados procuran vivir la vida cristiana en la fuerza de la fe que ejercieron cuando comprendieron su necesidad de perdón por los pecados de su vida pasada. Saben que solamente Dios puede perdonar los pecados, y que lo hace mediante Cristo; pero suponen que habiendo ini-ciado ese proceso cierto día, deben ahora continuar la carrera en su propia fuerza. Sabemos que muchos albergan esa idea. Lo sabemos, prime-ramente, porque lo hemos oído de algunos, y en segundo lugar, porque hay verdaderas multitudes de profesos cristianos que revelan la obra de un poder que en nada es superior a su propia capacidad. Si tienen algo que decir en las reuniones sociales, más allá de la repetida fórmula "quiero ser cristiano, a fin de poder ser salvo", no es otra cosa que su experiencia pasada, el gozo que experimentaron cuando creyeron por primera vez. Del gozo de vivir para el Señor, y de andar con él por la fe, no saben nada, y quien se refiera a ello, habla en un lenguaje que les resulta extraño. Pero el apóstol presenta definidamente este tema de la fe, como extendiéndose hasta el mismo reino de la gloria, en la concluyente ilustración que sigue:

"Por la fe Enoc fue traspuesto para no ver muerte, y no fue hallado, porque lo traspuso Dios. Y antes que fuese traspuesto, tuvo testimonio de haber agradado a Dios. Empero sin fe es imposible agradar a Dios; porque es menester que el que a Dios se allega, crea que le hay, y que es galardonador de los que le buscan" (Heb. 11:5 y 6).

Obsérvese cuál es el argumento esgrimido para demostrar que es por la fe que Enoc fue trasladado: Enoc fue trasladado porque caminó con Dios y tenía el testimonio de agradar a Dios; pero sin fe es imposible agradar a Dios. Eso basta para probar lo expuesto. Sin fe, ningún acto que podamos hacer alcanza la aprobación de Dios. Sin fe, lo mejor que el hombre pueda hacer queda infinitamente lejos de la única norma válida, que es la de la perfecta justicia de Dios. La fe es una buena cosa allá donde esté, pero la mejor fe en Dios para quitar la carga de los pecados pasados, no aprovechará a nadie, a menos que continúe presente en me-dida siempre creciente, hasta el fin de su tiempo de prueba.

Hemos oído a muchos manifestar lo difícil que les resultaba obrar el bien; su vida cristiana era de lo más insatisfactorio, estando marcada solamente por el fracaso, y se sentían tentados a ceder al desánimo. No es sorprendente que se desanimen, ya que el fracaso continuo es capaz de desanimar a cualquiera. El soldado más valiente del mundo entero, acabaría desanimado si sufriese una derrota en cada batalla. No será difícil oír de esas personas lamentos por ver mermada la confianza en sí mismas. Pobres almas, ¡si solamente pudieran llegar a perder comple-tamente la confianza en sí mismas, y la pusiesen enteramente en Aquel que es poderoso para salvar, tendrían otro testimonio que dar! Entonces se gloriarían "en Dios por el Señor nuestro Jesucristo". Dice el apóstol, "Gozaos en el Señor siempre: otra vez os digo: Que os gocéis" (Fil. 4:4). Aquel que no se goza en Dios, incluso al ser tentado y afligido, no está peleando la buena batalla de la fe. Está luchando la triste batalla de la confianza en sí mismo, y de la derrota.

Todas las promesas de la felicidad definitiva son hechas a los vencedores. "Al que venciere", dice Jesús, "le daré que se siente conmigo en mi trono; así como yo he vencido, y me he sentado con mi Padre en su trono" (Apoc. 3:21). "El que venciere poseerá todas las cosas", dice el Señor (Apoc. 21:7). Un vencedor es alguien que gana victorias. La her-encia no es la victoria, sino la recompensa por la victoria. La victoria es ahora. Las victorias a ganar son la victoria sobre la concupiscencia de la carne, la concupiscencia de los ojos y la soberbia de la vida, victorias sobre el yo y las indulgencias egoístas. Aquel que lucha y ve huir al enemigo, puede gozarse; nadie puede quitarle ese gozo que se produce al ver cómo claudica el enemigo. Algunos sienten pánico ante la idea de tener que mantener una continua lucha contra el yo y los deseos mundanos. Eso es así, solo porque desconocen totalmente el gozo de la victoria; no han experimentado mas que derrota. Pero el constante batallar no es algo penoso, cuando hay victoria continua. Aquel que cuenta sus batallas por victorias, desea encontrarse nuevamente en el campo de combate.

Los soldados de Alejandro, que bajo su mando no conocieron jamás la derrota, estaban siempre impacientes por una nueva batalla. Cada victoria, que dependía únicamente de su ánimo, aumentaba su fortaleza y hacía disminuir en correspondencia la de sus vencidos enemigos. Ahora, ¿cómo podemos ganar victorias continuas en nuestra contienda espiritual? Escuchemos al discípulo amado:

"Porque todo aquello que es nacido de Dios vence al mundo: y esta es la victoria que vence al mundo, nuestra fe" (1 Juan 5:4).

Leamos nuevamente las palabras de Pablo:

"Con Cristo estoy juntamente crucificado, y vivo, no ya yo, más vive Cristo en mí: y lo que ahora vivo en la carne, lo vivo en la fe del Hijo de Dios, el cual me amó, y se entregó a sí mismo por mí" (Gál. 2:20).

Aquí tenemos el secreto de la fuerza. Es Cristo, el Hijo de Dios, a quien fue dada toda potestad en el cielo y en la tierra, el que realiza la obra. Si es él quien vive en el corazón y hace la obra, ¿es jactancia decir que es posible ganar victorias continuamente? De acuerdo, eso es gloriarse, pero es gloriarse en el Señor, lo que es perfectamente lícito. Dijo el salmista: "En Jehová se gloriará mi alma". Y Pablo dijo: "Mas lejos esté de mí gloriarme, sino en la cruz de nuestro Señor Jesucristo, por el cual el mundo me es crucificado a mí, y yo al mundo" (Gál. 6:14).

Los soldados de Alejandro Magno tenían fama de invencibles. ¿Por qué? ¿Es porque poseían de forma natural más fortaleza o ánimo que todos sus enemigos? No, sino porque estaban bajo el mando de Alejandro. Su fuerza radicaba en su dirigente. Bajo otra dirección, habrían sufrido frecuentes derrotas. Cuando el ejército de la Unión se batía en retirada, presa del pánico, ante el enemigo, en Winchester, la presencia de Sheridan transformó la derrota en victoria. Sin él, los hombres eran una masa vacilante; con él a la cabeza, una armada invencible. Si hubieseis oído los comentarios de esos soldados victoriosos, tras la batalla, habríais escuchado alabanzas a su general, mezcladas con expresiones de gozo. Ellos eran fuertes porque su jefe lo era. Les inspiraba el mismo espíritu que lo animaba a él.

Pues bien, nuestro capitán es Jehová de los ejércitos. Se ha enfrentado al principal enemigo, y estando en las peores condiciones, lo ha vencido. Quienes lo siguen, marchan invariablemente venciendo para vencer. Oh, si aquellos que profesan seguirle quisieran poner su confianza en él, y entonces, por las repetidas victorias que obtendrían, rendirían la alabanza a Aquel que los llamó de las tinieblas a su luz admirable.

Juan dijo que el que es nacido de Dios vence al mundo, mediante la fe. La fe se aferra al brazo de Dios, y la poderosa fuerza de éste cumple la obra. ¿De qué manera puede obrar el poder de Dios en el hombre, realizando aquello que jamás podría hacer por sí mismo?, nadie lo puede explicar. Sería lo mismo que explicar de qué modo puede Dios dar vida a los muertos. Dice Jesús: "El viento de donde quiere sopla, y oyes su sonido; mas ni sabes de donde viene, ni a donde vaya: así es todo aquel que es nacido del Espíritu" (Juan 3:8). Cómo obra el Espíritu en el hom-bre, para subyugar sus pasiones y hacerlo victorioso sobre el orgullo, la envidia y el egoísmo, es algo que sólo conoce el Espíritu; a nosotros nos basta con saber que así es, y será en todo quien desee, por encima de cualquier otra cosa, una obra tal en sí mismo, y que confíe en Dios para su realización.

Nadie puede explicar el mecanismo por el que Pedro fue capaz de caminar sobre la mar, entre olas que se abalanzaban sobre él; pero sabemos que a la orden del Señor sucedió así. Por tanto tiempo como mantuvo sus ojos fijos en el Maestro, el divino poder le hizo caminar con tanta facilidad como si estuviera pisando la sólida roca; paro cuando comenzó a contemplar las olas, probablemente con un sentimiento de orgullo por lo que estaba haciendo, como si fuera él mismo quien lo hubiese logrado, de forma muy natural fue presa del miedo, y comenzó a hundirse. La fe le permitió andar sobre las olas; el temor le hizo hundirse bajo ellas.

Dice el apóstol: "Por la fe cayeron los muros de Jericó con rodearlos siete días" (Heb. 11:30). ¿Para qué se escribió tal cosa? Para nuestra enseñanza, "para que por la paciencia, y por la consolación de las Escrituras, tengamos esperanza" (Rom. 15:4). ¿Qué significa? ¿Se nos llamará tal vez a luchar contra ejércitos armados, y a tomar ciudades fortificadas? No, "porque no tenemos lucha contra sangre y carne; sino contra principados, contra potestades, contra señores del mundo, gobernadores de estas tinieblas, contra malicias espirituales en los aires" (Efe. 6:12); pero las victorias que se han ganado por la fe en Dios, sobre enemigos visibles en la carne, fueron registradas para mostrarnos lo que cumpliría la fe en nuestro conflicto con los gobernadores de las tinieblas de este mundo.

La gracia de Dios, en respuesta a la fe, es tan poderosa en estas batallas como lo fue en aquellas; ya que dice el apóstol:

"Pues aunque andamos en la carne, no militamos según la carne, (porque las armas de nuestra milicia no son carnales, sino poderosas en Dios para la destrucción de fortalezas); Destruyendo consejos, y toda altura que se levanta contra la ciencia de Dios, y cautivando todo intento a la obediencia de Cristo" (2 Cor. 10:3-5).

No fue solamente a enemigos físicos a quienes los valerosos héroes de antaño vencieron por la fe. De ellos leemos, no solamente que "ganaron reinos", sino también que "obraron justicia, alcanzaron promesas", y lo más animador y maravilloso de todo, "sacaron fuerza de la debili-dad" (Heb. 11:33 y 34). Su debilidad misma se les convirtió en fortaleza mediante la fe, ya que la potencia de Dios en la flaqueza se perfecciona. ¿Quién podrá acusar entonces a los elegidos de Dios, teniendo en cuen-ta que es Dios quien nos justifica, y que somos hechura suya, creados en Cristo Jesús para buenas obras? "¿Quién nos apartará del amor de Cristo? tribulación? o angustia? o persecución? o hambre? o desnudez? o peligro? o cuchillo?" "Antes en todas estas cosas hacemos más que vencer por medio de aquel que nos amó" (Rom. 8:35,37).

Signs of the Times, 25 marzo 1889

Capítulo 2—Lecciones Sobre la Fe

Alonzo T. Jones

Sin fe es imposible agradar a Dios. La razón es que "todo lo que no es de fe, es pecado" (Rom. 14:23); y desde luego, el pecado no puede agradar a Dios.

Es por eso que, como afirma el Espíritu de Profecía en la primera página de la Review del 18 de octubre de 1898, "La comprensión de lo que la Escritura quiere decir, cuando nos urge a la necesidad de cultivar la fe, es más esencial que cualquier otro conocimiento a nuestro alcance".

De forma que en lo sucesivo, en cada número de la Review ofrecer-emos, en esta misma columna, una lección bíblica sobre la fe: Qué es, cómo surge, cómo ejercitarla; a fin de que todo aquel que lea esta revista pueda adquirir ese conocimiento que "es más esencial que cualquier otro conocimiento a nuestro alcance".

A fin de comprender lo que la Escritura quiere decir, cuando nos urge a la necesidad de cultivar la fe, es esencial comprender, antes que nada, qué es la fe.

De poco serviría urgir a una persona a la necesidad de cultivar la fe, si esta no tuviera previamente una noción inteligente de lo que constituye la fe. Y la triste realidad es que, a pesar de que el Señor lo haya estable-cido claramente en la Escritura, muchos miembros de iglesia desconocen lo que es la fe. Es posible, no obstante, que conozcan la definición de la fe, pero sin conocer lo que es la fe realmente. Es decir, pueden no haber comprendido la idea contenida en la definición.

Es por eso que no nos detendremos especialmente en la definición, por ahora; lo que haremos es presentar y estudiar una ilustración de la fe. Un ejemplo que la ponga tan claramente de relieve, que todos puedan comprender de qué se trata.

La fe viene "por la palabra de Dios". A ella debemos, pues, acudir. Cierto día, un centurión vino a Jesús, y le dijo: "Señor, mi mozo yace en casa paralítico, gravemente atormentado. Y Jesús le dijo: Yo iré y le sanaré. Y respondió el centurión, y dijo: Señor, no soy digno de que entres debajo de mi techado; mas solamente di la palabra, y mi mozo sanará... Y oyendo Jesús, se maravilló, y dijo a los que le seguían: De cierto os digo, que ni aun en Israel he hallado fe tanta" (Mat. 8:6-10).

Jesús encuentra aquí cierta cualidad que denomina fe. Cuando com-prendemos lo que es, hemos hallado la fe. Entender el hecho es entender la fe. No puede haber ninguna duda al respecto, ya que Jesús es "el autor... de la fe", y él mismo dijo que lo manifestado por el centurión era "fe". Efectivamente, una gran fe.

¿Dónde está, pues, la fe? El centurión deseaba la realización de algo. Anhelaba que el Señor lo realizara. Pero cuando el Señor le dijo, "Yo iré" y lo haré, el centurión lo puso a prueba diciendo, "solamente di la palabra", y será hecho.

Ahora, ¿por medio de qué esperó el centurión que la obra se realizara? SOLAMENTE por la palabra. ¿De qué dependió para la curación de su siervo? SOLAMENTE de la palabra.

Y el Señor Jesús afirma que eso es fe.

Entonces, mi hermano,

¿Qué es la fe?

La fe es esperar que la palabra de Dios cumpla lo que dice, y confiar en que esa palabra cumple lo que dice.

Puesto que eso es fe, y la fe viene por la palabra de Dios, podemos esperar que sea ésta misma la que enseñe que la palabra tiene en sí misma el poder para cumplir lo que dice.

Y así es, efectivamente: la palabra de Dios enseña precisamente eso, y no otra cosa; esa es la "palabra fiel" –la palabra llena de fe.

La mayor parte del primer capítulo de la Biblia, contiene principal-mente instrucción sobre la fe. En él encontramos no menos de seis declaraciones que tienen el definido propósito de inculcar la noción de fe; si contamos además lo que implica, en esencia, el primer versículo, en total suman siete.

La instrucción sobre la fe consiste en la enseñanza de que la palabra misma de Dios es la que cumple lo dicho por esa palabra.

Leamos, pues, el primer versículo de la Biblia: "En el principio, crió Dios los cielos y la tierra". ¿Cómo los creó? "Por la palabra de Jehová fueron hechos los cielos, y todo el ejército de ellos por el espíritu de su boca".

"Porque él dijo, y fue hecho; Él mandó, y existió" (Sal. 33:6-9). Antes de que dijese, no había nada: después que habló, "fue hecho". Fue hecho, solamente mediante la palabra. ¿Qué fue lo que causó la creación? La simple palabra.

Las tinieblas cubrían toda la faz del abismo. Dios quiso que allí hubiese luz. Pero ¿cómo hacer para que hubiese luz allí donde todo eran tinieblas? Habló una vez más: "Y dijo Dios: Sea la luz: y fue la luz". ¿Como vino la luz? La misma palabra pronunciada, produjo la luz. "El principio de tus palabras alumbra" (Sal. 119:130).

No había expansión, o firmamento. Dios quiso que lo hubiera. ¿Cómo lo trajo a la existencia? "Dijo Dios: Haya expansión..." Y así fue. El mismo proceso con la tierra, el agua, la vegetación, las lumbreras y los animales. "Y dijo Dios: produzca..." "y fue así".

Es, pues, "por la palabra de Jehová" que todas las cosas fueron creadas. Él dijo la palabra solamente, y fue así: la palabra hablada produjo por sí misma el resultado.

Tal ocurrió en la creación. Y así ocurrió también en la redención: curó a los enfermos, echó fuera demonios, calmó la tempestad, limpió a los leprosos, resucitó a los muertos, perdonó los pecados, todo por su palabra. En todo ello, también "Él dijo, y fue hecho".

Y Él es el mismo ayer, y hoy, y por siempre. Él es siempre el Creador. Y hace siempre las cosas por su palabra solamente. Siempre puede hacer todas las cosas por su palabra; esa es la característica distintiva de la palabra de Dios, que contiene el poder divino por medio del cual ella misma cumple lo dicho.

Es por eso que la fe es el conocer que en la palabra de Dios hay ese poder, es esperar que la misma palabra hará lo dicho por ella, y depender solamente de esa palabra para la realización de lo dicho.

La enseñanza de la fe es la enseñanza de la naturaleza de la palabra de Dios. Enseñar a las personas a ejercer la fe, es enseñarles a esperar que la palabra de Dios haga lo que dice, y a depender de ella para el cumplimiento de lo dicho por la palabra. Cultivar la fe consiste en fortalecer, mediante la práctica, la confianza en el poder mismo de la palabra de Dios, para cumplir lo que ella misma pronuncia, y la dependencia de la palabra misma para cumplir lo dicho.

Y "la comprensión de lo que la Escritura quiere decir, cuando nos urge a la necesidad de cultivar la fe, es más esencial que cualquier otro conocimiento a nuestro alcance".

¿Estás cultivando la fe?

La fe consiste en esperar que la palabra de Dios, en sí misma, cumpla lo que dice, y basarse solamente en la propia palabra para la realización de lo dicho por ella.

Cuando eso se comprende claramente, es fácil entender que la fe es "la sustancia de las cosas que se esperan, la demostración de las cosas que no se ven".

Puesto que la palabra de Dios está investida de poder creativo, siendo por lo tanto capaz de producir, en la misma sustancia, las cosas dichas por la palabra; y puesto que la fe consiste en esperar que la palabra de Dios, en sí misma, cumpla lo que dice, y basarse solamente en la propia palabra para la realización de lo dicho por ella, resulta evidente que la fe es la sustancia de las cosas que se esperan.

Puesto que la palabra de Dios es creativa per se, y por lo tanto capaz de producir, o causar la aparición de lo que de otra forma jamás habría existido o aparecido; y puesto que la fe consiste en esperar que la palabra de Dios, en sí misma, cumpla lo que dice, y basarse solamente en la propia palabra para la realización de lo dicho por ella, resulta evidente que la fe es "la demostración de las cosas que no se ven".

Es así como "por la fe, sabemos que el universo fue formado por la palabra de Dios, de manera que lo que se ve resultase de lo que no aparece".

Aquel que ejerce la fe, sabe que la palabra de Dios tiene poder creador, y por lo tanto, es capaz de producir lo que dice. Por lo tanto, puede tener la certeza –no la suposición– de que el universo fue llamado a la existencia por la palabra de Dios.

Quien ejerce fe puede tener la seguridad de que, si bien antes de que Dios dijese la palabra, ninguna de las cosas que ahora contemplamos era visible, por la sencilla razón de que no existía; sin embargo, al pronunciar la palabra, el universo fue hecho. La palabra causó su ser o existencia.

Esa es la diferencia entre la palabra de Dios y la palabra del hombre. El hombre puede hablar; pero en sus palabras no hay poder para realizar lo expresado por ellas: para que se cumpla lo que ha dicho, hace falta que el hombre añada algo, además de hablar. Tiene que "hacer buena su palabra".

No pasa lo mismo con la palabra de Dios.

Cuando Dios habla, la cosa ocurre. Y ocurre simplemente porque Él habló. La palabra cumple lo que Dios tuvo a bien pronunciar. El Señor no necesita, como el hombre, añadir algo a la palabra hablada. No tiene que hacer buena su palabra, ya que ésta es buena. Dios habla "la palabra solamente", y la cosa acontece.

Y así, está escrito: "Por lo cual, también nosotros damos gracias a Dios sin cesar, de que habiendo recibido la palabra de Dios que oísteis de nosotros, recibisteis no palabra de hombres, sino según es en verdad, la palabra de Dios, el cual obra en vosotros los que creísteis" (1 Tes. 2:13).

Es por eso también que "es imposible que Dios mienta". No es solamente imposible porque Él no lo quiera, sino también porque no puede. Es imposible. Imposible porque cuando Él habla, hay poder creador en la palabra pronunciada, de manera que por "solamente la palabra", la cosa acontece.

El hombre puede decir algo, y no ser cierto. Puede así mentir, ya que decir lo que no es, es mentir. Y el hombre puede mentir porque no hay poder en su palabra para hacer que lo dicho ocurra. Con Dios eso es imposible: no puede mentir, ya que "habló, y fue hecho". Habla, y lo dicho ocurre.

Es también por eso que cuando la palabra de Dios se pronuncia para un tiempo distante, como en las profecías que han de cumplirse cientos de años después, al llegar el momento señalado, esa palabra se cumple. Y no se cumple porque Dios, además de haber dicho la palabra, haga algo para cumplirla; sino porque la palabra fue pronunciada para ese deter-minado momento, y en ella está la energía creativa que hace que en ese momento, la palabra obre lo predicho.

Es por eso que si los muchachos en el templo no hubiesen aclamado "Hosanna al Hijo de David", lo habrían hecho inmediatamente las piedras; y también por eso, cuando se cumplió el tercer día, resultó "imposible" que Cristo fuese retenido por la tumba.

¡Oh, la palabra de Dios es divina! Hay en ella energía creadora. Es "viva y eficaz". Lleva en ella misma el cumplimiento; y confiar en ella y apoyarse en ella, como tal, eso es ejercer fe. "¿Tienes tú fe?".

"La comprensión de lo que la Escritura quiere decir, cuando nos urge a la necesidad de cultivar la fe, es más esencial que cualquier otro conocimiento a nuestro alcance".

Obsérvese que se trata de la comprensión de lo que significa la Escritura en cuanto a "la necesidad de cultivar la fe" –no particularmente tener fe, sino cultivarla.

Las Escrituras no dicen mucho sobre nuestra necesidad de adquirir la fe, sin embargo, dicen muchísimo sobre nuestra necesidad de cultivarla.

La razón de ello es que a todo hombre se le da en principio la fe: todo cuanto necesita hacer es cultivarla. Nadie puede tener más fe que la que se le dio, sin cultivar la que ya posee. Y no hay nada que crezca más rápidamente que la fe, cuando se la cultiva –"porque va creciendo mucho vuestra fe".

La fe es esperar confiadamente que la palabra de Dios cumpla por ella misma lo que dice; y depender de "la palabra solamente" para su cumplimiento. Cultivar la dependencia de la palabra de Dios, que "la palabra solamente" cumpla lo dicho por ella, es cultivar la fe.

La fe "es don de Dios" (Efe. 2:8); y en las Escrituras está claro que se da a todos: "la medida de fe que Dios repartió a cada uno" (Rom. 12:3). Esa "medida de fe que Dios repartió a cada uno", es el capital con el que dota, de principio, "a todo hombre que viene a este mundo"; y se espera que todos negocien con ese capital, que lo cultiven, para salvación de su alma.

No hay el más mínimo riesgo de que el capital se reduzca al utilizarlo: tan pronto se lo use, se incrementará, "va creciendo mucho vuestra fe". Y tan ciertamente como crece, se conceden justicia, paz y gozo en el Señor, para salvación plena del alma.

La fe viene por la palabra de Dios. Por lo tanto, leemos que "cercana está la palabra, en tu boca y en tu corazón. Esta es la palabra de fe, la cual predicamos" (Rom. 10:8). De manera que la fe, la palabra de fe, está en la misma boca y corazón de todo hombre.

¿Cómo puede ser? Cuando la primera pareja pecó en el Edén, creyeron plenamente a Satanás; se entregaron totalmente a él; los tomó enteramente cautivos. Hubo entonces perfecta paz y acuerdo entre ellos y Satanás. Pero Dios no dejó así las cosas; quebró ese acuerdo, destruyó esa paz. Y lo hizo por su palabra, diciendo a Satanás: "Y enemistad pon-dré entre ti y la mujer, y entre tu simiente y la simiente suya" (Gén. 3:15).

"Es Dios solamente quien puede poner enemistad continuamente entre la simiente de la mujer y la de la serpiente. Después de la trans-gresión del hombre, su naturaleza se depravó. Entonces había paz entre Satanás y el hombre caído. Si Dios no hubiera intervenido, el hombre habría formado una alianza contra el cielo; y en lugar de luchar entre ellos, los hombres habrían luchado contra Dios. No hay enemistad natu-ral entre los ángeles caídos y los hombres caídos. Ambos son malvados, por su apostasía; y el mal, allá donde exista, se alistará siempre contra el bien. Los ángeles caídos y los hombres caídos se asocian en compañía.

El astuto general de los ángeles caídos calculó que si lograba inducir a los hombres, como había hecho con los ángeles, a unirse a él en rebelión, vendrían a ser sus agentes de comunicación con el hombre, para alis-tarse en rebelión contra el cielo. Tan pronto como uno se separa de Dios, no tiene poder de enemistad contra Satanás. La enemistad que existe en la tierra entre Satanás y el hombre tiene origen sobrenatural. A menos que el poder convertidor de Dios sea traído diariamente al corazón humano, no habrá inclinación hacia lo religioso, sino que los hombres ele-girán más bien ser cautivos de Satanás que hombres libres en Cristo. Digo que Dios pondrá enemistad. El hombre no puede ponerla. Cuando la voluntad es sometida en sujeción a la voluntad de Dios, lo será medi-ante la inclinación del corazón y voluntad del hombre del lado del Señor" (Unpublished Testimony).

Esa enemistad contra Satanás, ese odio al mal que Dios pone en toda persona mediante su palabra, hace que toda alma clame por liberación; y tal liberación se encuentra solamente en Jesucristo (Rom. 7:14-25).

Así, esa palabra de Dios que siembra en cada alma la enemistad contra Satanás, ese odio al mal que clama por liberación –que sólo se en-cuentra en Jesús–, ese es el don de la fe al hombre. Esa es la "medida de fe" que Dios dio a todo hombre. Esa es "la palabra de fe" que está en la boca y el corazón de toda persona en el mundo.

"Esta es la palabra de fe, la cual predicamos: Que si confesares con tu boca al Señor Jesús, y creyeres en tu corazón que Dios le levantó de los muertos, serás salvo. Porque con el corazón se cree para justicia; mas con la boca se hace confesión para salud" (Rom. 10:8-10).

Por lo tanto, no digas en tu corazón '¿Quién subirá al cielo, para traernos fe?' Ni '¿Quién descenderá a lo bajo?', o '¿Quién irá allá lejos, para encontrar fe, y traérnosla?' Porque "cercana está la palabra, en tu boca y en tu corazón. Esta es la palabra de fe, la cual predicamos" (Deut. 30:11-14; Rom. 10:6-8).

Ejercita la fe que Dios te dio a ti, lo mismo que a cualquier otra persona en el mundo, ya que "saber cómo ejercitar la fe, eso es la ciencia del evangelio".

¿En que consiste la Fe?

La fe consiste en depender solamente de la palabra de Dios, y confiar en que precisamente ella cumplirá lo que dice.

La justificación por la fe es, por consiguiente, la justificación que depende de la palabra de Dios solamente, y que confía en que la sola palabra la cumplirá.

Justificación por la fe es justicia por la fe; ya que justificación signifi-ca ser declarado justo.

La fe viene por la palabra de Dios. La justificación por la fe, por lo tanto, es la justificación que viene por la palabra de Dios. La justicia por la fe es justicia que viene por la palabra de Dios.

La palabra de Dios lleva en sí misma el cumplimiento, ya que al crear todas las cosas, "Él dijo, y fue hecho". El mismo que dijo "Sea la luz", y fue la luz, Aquel que estando en la tierra dijo "sólo... la palabra", y el en-fermo sanó, los leprosos fueron limpios, y los muertos resucitados, ese mismo declara la justicia de Dios en, y sobre todo aquel que crea.

Por cuanto todos pecaron, y están destituidos de la gloria de Dios, "siendo justificados gratuitamente por su gracia, por la redención que es en Cristo Jesús; al cual Dios ha propuesto... para manifestación de [declarar] su justicia, atento a haber pasado por alto, en su paciencia, los pecados pasados".

Al crear todas las cosas, en el principio, Dios estableció que Cristo declarase la palabra que las haría existir. Cristo habló la palabra sola-mente, y todas las cosas existieron. En la redención, que es una nueva creación, Dios estableció que Cristo declarase la palabra de justicia. Y cuando Cristo habla la palabra solamente, el hecho ocurre. Su palabra es la misma, tanto en la creación como en la redención.

"Por la fe entendemos que los mundos fueron formados por la pal-abra de Dios, de modo que lo que se ve, fue hecho de lo que no se veía". En cierto momento no existían los mundos, ni tampoco el material del que éstos se componen. Dios estableció a Cristo para que declarase la palabra que crearía los mundos, así como el material del que están formados.

"Dijo, y fue hecho". Antes de que hablase, no había mundos; tras haber hablado, aparecieron. La palabra de Cristo es capaz de traer a la existencia aquello que no existía antes de que su palabra fuese declarada, y que de no ser por ésta, jamás habría existido.

Así ocurre exactamente en la vida del hombre. En el hombre no hay justicia a partir de la cual ésta pueda surgir en su vida. Pero Dios ha establecido a Cristo para declarar justicia en, y sobre el hombre. Cristo declara la palabra solamente, y en el oscuro vacío de la vida humana se produce la justicia para todo aquel que la reciba. Allí donde, antes de ser recibida la palabra, no existía justicia ni nada a partir de lo cual pudiese ser producida, tras ser recibida la palabra, hay perfecta justicia, y la verdadera Fuente de la cual mana. La palabra de Dios recibida por la fe –esto es, la palabra de Dios en la que se confía para el cumplimiento de lo que dice, y de la que se depende para su realización–, produce justicia en el hombre y en la vida, allí donde no había ninguna; precisamente de la misma manera en que, en la creación del Génesis, la palabra de Dios produjo los mundos allí donde no había nada previamente. Él habla, y así ocurre para todo aquel que crea, es decir, para todo aquel que lo reciba. La palabra misma lo cumple.

"Justificados [hechos justos] pues por la fe [esperando y dependiendo de la palabra de Dios solamente], tenemos paz para con Dios por medio de nuestro Señor Jesucristo" (Rom. 5:1). ¡Así es, bendito sea el Señor! Y alimentarse de ese glorioso hecho es cultivar la fe.

"La comprensión de lo que la Escritura quiere decir, cuando nos urge a la necesidad de cultivar la fe, es más esencial que cualquier otro conocimiento a nuestro alcance".

La fe es esperar que la palabra de Dios haga aquello que dice que hará, y depender de la palabra solamente, para el cumplimiento de lo que ella dice.

Abraham es el padre de todos los que son de la fe. Su historia instruye, pues, sobre la fe –qué es, y qué hace por aquel que la ejerce.

¿Qué, pues, diremos que halló Abraham nuestro padre según la carne? ¿Qué dice la escritura? Cuando Abram tenía ya más de ochenta años, y Sarai, su esposa, era anciana, sin haber engendrado hijo alguno, Dios "sacóle fuera, y dijo: Mira ahora a los cielos, y cuenta las estrellas, si las puedes contar. Y le dijo: Así será tu simiente"

"Y [Abraham] creyó a Jehová, y contóselo por justicia" (Gén. 15:5 y 6). Aceptó la palabra de Dios, y esperó que ésta cumpliría lo dicho. E hizo muy bien en eso.

Sarai, sin embargo, no puso su confianza solamente en la palabra de Dios. Recurrió a una estratagema de su propia invención para dar lugar a la simiente. Dijo a su esposo: "Ya ves que Jehová me ha hecho estéril: ruégote que entres a mi sierva; quizá tendré hijos de ella" (Gén. 16:2).

Abram comenzó entonces a desviarse de la perfecta integridad de la fe. En lugar de anclar su confianza y dependencia solamente en la palabra de Dios, "atendió Abram al dicho de Sarai".

Como consecuencia, nació un niño, pero el arreglo resultó ser tan insatisfactorio para Sarai, que ella misma lo repudió. Y Dios mostró su repudio ignorando totalmente el hecho de que hubiese nacido ese niño. Cambió el nombre de Abram por el de Abraham, y continuó hablándole del pacto por el que sería padre de todas las naciones mediante la simiente prometida. Cambió asimismo el nombre de Sarai por el de Sara, puesto que vendría "a ser madre de naciones" mediante la simiente prometida.

Abraham se apercibió de la total ignorancia, por parte de Dios, hacia aquel niño que había sido engendrado, y llamó la atención del Señor, diciendo: "Ojalá Ismael viva delante de ti".

Pero Dios le respondió: "Ciertamente Sara tu mujer te parirá un hijo, y llamarás su nombre Isaac; y confirmaré mi pacto con él por alianza perpetua para su simiente después de él. Y en cuanto a Ismael, también te he oído: he aquí que le bendeciré, y le haré fructificar y multiplicar mucho en gran manera: doce príncipes engendrará, y ponerlo he por gran gente. Mas yo estableceré mi pacto con Isaac, al cual te parirá Sara por este tiempo el año siguiente" (Gén. 17:15-21).

A todo esto, tanto a Abram como a Sarai se les había instruido, al serles hecha la promesa, que para su cumplimiento, nada que no fuese la dependencia hacia la sola palabra podría ser la respuesta adecuada. Sarai comprendió que su estratagema no había aportado sino aflicción y perplejidad, y había retardado el cumplimiento de la promesa. Abram comprendió que dando oído a las palabras de Sarai, había despreciado la palabra de Dios; y ahora se veía obligado a abandonar totalmente ese plan, para volver de nuevo a la palabra de Dios solamente.

Pero ahora Abraham tenía ya noventa y nueve años, y Sara ochenta y nueve. Eso hacía más difícil, si cabe, el cumplimiento de la promesa, y demandaba más que nunca, una profunda dependencia de la palabra de Dios. Requería más fe que anteriormente.

Ahora era evidente que no se podía depender de ninguna otra cosa que no fuese la simple palabra de Dios: se aplicaron a ceñirse estrictamente a ella para el cumplimiento de lo que dicha palabra contenía. Excluyeron toda obra, todo plan, maquinación, designio o esfuerzo originado en ellos, y se aferraron de la sola fe. Echaron mano de la palabra solamente, y dependieron absolutamente de la palabra para el cumplimiento de ella.

Y ahora que el camino estaba despejado para que obrase "la palabra solamente", la palabra efectivamente obró, y nació la "simiente" prometida. De ese modo, "por la fe", –por una dependencia no apuntalada por nada, por una dependencia en la sola palabra– "por la fe también la misma Sara, siendo estéril, recibió fuerza para concebir simiente; y parió aun fuera del tiempo de la edad, porque creyó ser fiel el que lo había prometido".

"Por lo cual también, de uno, y ese ya amortecido, salieron como las estrellas del cielo en multitud, y como la arena innumerable que está a la orilla de la mar" (Heb. 11:12).

Y así se cumplió la palabra pronunciada a Abraham, cuando Dios "sacóle fuera, y dijo: Mira ahora a los cielos, y cuenta las estrellas, si las puedes contar. Y le dijo: Así será tu simiente".

Esa es una lección divina sobre la fe. Y eso es lo que significa la Escritura cuando nos urge a la necesidad de cultivar la fe. La fe que le fue imputada por justicia a Abraham, la justicia de Dios por medio de la fe en Jesucristo.

"Y no solamente por él fue escrito que le haya sido imputado; sino también por nosotros, a quienes será imputado, esto es, a los que creemos en el que levantó de los muertos a Jesús Señor nuestro, el cual fue entregado por nuestros delitos, y resucitado para nuestra justificación" (Rom. 4:23-25).

Y todos los que son "de la fe son benditos con el creyente Abraham". Sí, todos quienes repudian las obras, planes, maquinaciones y esfuerzos originados en ellos mismos, y ponen enteramente su confianza y dependencia en que la palabra de Dios cumplirá lo que dice. Los tales son de la fe, y son benditos con el creyente Abraham, con la justicia de Dios.

¡Oh, "saber cómo ejercitar la fe, eso es la ciencia del evangelio"! Y la ciencia del evangelio es la ciencia de las ciencias. ¿Quién dejará de ejercer toda facultad para comprenderla?

Cuando Abraham y Sara renunciaron a todo su esquema de incredulidad, que había dado como fruto a Ismael, y se mantuvieron por la sola fe –dependiendo únicamente de la palabra de Dios–, nació Isaac, el auténtico hijo de la promesa divina.

Dando oído a la voz de Sarai (Gén. 16:1), Abram se había desviado de la línea de estricta integridad a la palabra de Dios, de la auténtica fe; y ahora que se había vuelto a la palabra solamente, a la fe verdadera, debía ser probado antes de que pudiese cabalmente decirse de él que su fe le fue contada por justicia.

Había creído solamente la palabra de Dios, en contra de lo que Ismael representaba, y había obtenido a Isaac, el auténtico hijo de la promesa de Dios. Y ahora, tras haberlo obtenido, queda por ver si retendría la confianza en la sola palabra de Dios, incluso en contra del mismo Isaac.

Es así como Dios dijo a Abraham, "Toma ahora tu hijo, tu único, Isaac, a quien amas, y vete a tierra de Moriah, y ofrécelo allí en holocausto sobre uno de los montes que yo te diré".

Abraham había recibido a Isaac de parte de Dios, confiando solamente en la palabra divina. Sólo Isaac era la simiente que la palabra del Señor había prometido. Después del nacimiento de Isaac, Dios había confirmado la palabra declarando, "en Isaac te será llamada descendencia" (Gén. 21:12). Y ahora, la palabra de Dios le dice: toma a tu hijo, a tu único Isaac, y ofrécelo como una ofrenda ardiente.

Dios había declarado a Abraham: tu simiente será como las estrellas del cielo en número; "en tu simiente serán benditas todas las gentes de la tierra"; "en Isaac te será llamada descendencia"; y ahora, ¡ofrece a Isaac como una ofrenda ardiente!

Pero si Isaac era ofrecido como ofrenda ardiente, si era quemado, ¿qué sería de la promesa de que todas las naciones serían benditas en él? ¿Qué sucedería con la promesa de que su descendencia sería como las estrellas del cielo en multitud? Y sin embargo, la palabra era firme: Ofrece a Isaac como ofrenda ardiente. Abraham había confiado sin reservas en la sola palabra de Dios, en contra de Ismael; pero esto era más que confiar en la palabra de Dios, en contra de Isaac: ¡era creer la palabra de Dios, en contra de la palabra de Dios!

Y Abraham lo hizo, esperando contra toda esperanza. Dios había dicho: Tu simiente será como las estrellas del cielo; en Isaac te será llamada simiente; ofrece a Isaac como una ofrenda ardiente. Abraham no insistió en que Dios debía 'armonizar esos pasajes'. Para él era suficiente saber que todas aquellas declaraciones eran palabra de Dios. Sabiendo eso, confiaría en esa palabra, la seguiría, y dejaría que el Señor 'armonizase esos pasajes' si tal cosa fuese necesaria.

Abraham se dijo: –Dios ha dicho, ofrece a Isaac como ofrenda ardiente. Así lo haré. Dios ha dicho, "en Isaac te será llamada descendencia"; y, tu simiente será tan numerosa como las estrellas del cielo. Una vez interferí en la promesa, y la estuve impidiendo, hasta que rechacé todo lo que había hecho, y me volví a la sola palabra. Entonces, de forma milagrosa, Dios me dio a Isaac, la simiente prometida. Ahora Dios me dice, ofrece a Isaac, la simiente prometida, en ofrenda ardiente. Lo haré así: Dios me lo dio al principio mediante un milagro, y mediante un milagro lo puede restaurar. No obstante, cuando lo haya ofrecido como una ofrenda ardiente, estará muerto; el único milagro que podrá entonces restaurarlo será el que lo devuelva de entre los muertos. Pero Dios es poderoso para hacer aun eso, y lo hará; ya que su palabra ha dicho que 'tu simiente será como las estrellas en multitud, y en Isaac te será llamada descendencia'. Incluso levantar a Isaac de entre los muertos no será para Dios más difícil que lo que ya ha hecho; ya que, por lo que respecta a la fertilidad, tanto mi cuerpo como el de Sara no eran mejores que los de un muerto, y no obstante, Dios engendró a Isaac a partir de nosotros. Puede resucitar a Isaac de los muertos, y lo hará. ¡Bendito sea el Señor!

Estaba decidido. Se levantó y tomó a sus siervos y a Isaac, y caminó por tres días, y "llegaron al lugar que Dios le había dicho", y cuando "al tercer día alzó Abraham sus ojos, y vio el lugar de lejos, entonces dijo Abraham a sus mozos: Esperaos aquí con el asno, y yo y el muchacho iremos hasta allí, y adoraremos, y volveremos a vosotros" (Gén. 22:4 y 5). ¿Quién iría? "Yo y el muchacho iremos... y volveremos a vosotros". Abraham confiaba en que Isaac regresaría con él tan ciertamente como que iba a ir.

Abraham esperaba ofrecer a Isaac en holocausto, y luego esperaba verlo resucitar de las cenizas, y regresar con él. La razón es que la palabra de Dios había dicho: en Isaac te será llamada descendencia, y, tu simiente será como las estrellas del cielo en multitud. Y Abraham confiaría precisamente en esa palabra, en que jamás podría fallar (Heb. 11:17-19).

ESO ES FE. Y así "fue cumplida la Escritura que dice: Abraham creyó a Dios, y le fue imputado a justicia" (Sant. 2:23). Pero "no solamente por él fue escrito que le haya sido imputado; sino también por nosotros, a quienes será imputado, esto es, a los que creemos en el que levantó de los muertos a Jesús Señor nuestro, el cual fue entregado por nuestros delitos, y resucitado para nuestra justificación" (Rom. 4:23-25).

Poner la confianza en la palabra de Dios solamente; depender solamente de ella, incluso "en contra" de la palabra de Dios, eso es FE: esa es la fe que trae la justicia de Dios.

En eso consiste ejercitar la fe. Eso es "lo que la Escritura quiere decir, cuando nos urge a la necesidad de cultivar la fe". Y "saber cómo ejercitar la fe, eso es la ciencia del evangelio". Y la ciencia del evangelio es la ciencia de las ciencias.

Review and Herald, 31 enero 1899

"Al que no obra, pero cree en aquél que justifica al impío, la fe le es contada por justicia"

(Rom. 4:5).

Esa es la única forma en la que cualquiera en este mundo pueda ser hecho justo: primeramente admitir que es impío; luego creer que Dios justifica –tiene por justo– al impío, y que este es justo con la misma justicia de Dios.

En este mundo todos son impíos. Impíos significa lo contrario a 'semejantes a Dios'. Y está escrito que "por cuanto todos pecaron, y están destituidos de la gloria [bondad, carácter] de Dios".

Aquel, por tanto, que admita que en algo dejó de ser semejante a Dios, en eso confiesa que es impío.

Pero la verdad es que todos, en todo, están destituidos de la gloria de Dios. Porque "todos se apartaron, a una fueron hechos inútiles; no hay quien haga lo bueno, no hay ni aun uno" (Rom. 3:9-18).

Por consiguiente, puesto que no hay en toda la tierra ni uno solo que no sea impío, y puesto que Dios justifica al impío, eso hace que por la parte de Dios, la justificación –justicia, salvación– sea plena, gratuita y segura a toda alma en el mundo.

Y todo cuanto uno debe hacer, por su parte, para hacerla segura para sí mismo, es aceptarla –creer que Dios justifica, personal e individualmente, al impío.

Así, por extraño que parezca a muchos, la única calificación y la única preparación para la justificación es que la persona reconozca su impiedad.

Entonces, poseyendo esa calificación, habiendo hecho esa preparación, todo cuanto se requiere de él a fin de obtener la justificación plena, gratuita y segura, es que crea que Dios lo justifica a él, el impío.

Es fácil para muchos creer que son impíos, incluso reconocerlo; pero 26creer que Dios los justifica a ellos, eso les parece demasiado.

Y la única razón por la que no pueden creer que Dios los justifica a ellos, es que son impíos, tan impíos.

Si solamente pudieran encontrar algún bien en ellos, o si pudiesen ser fortalecidos y mejorar, tendrían algún ánimo para esperar que Dios los justificase. Sí, se justificarían a sí mismos por las obras, ¡y entonces profesarían creer en la justificación por la fe!

Pero eso no sería más que quitar la base a la justificación; ya que si alguien pudiese encontrar bien en sí mismo, es porque lo posee ya previamente, y no lo necesita de ningún otro lugar. Si puede fortalecerse y mejorar por sí mismo, entonces no necesita ninguna justificación que provenga de cualquier otra fuente.

Por lo tanto, es una contradicción el decir que soy tan impío que no veo cómo el Señor me pueda justificar. Si no soy impío, entonces no necesito ser hecho justo: ya lo soy. No hay medias tintas entre la justicia y la impiedad.

Pero cuando una persona se ve a sí misma tan impía como para no encontrar ninguna base sobre la que esperar ser justificado, es precisamente ahí donde la fe aparece; en verdad, es solamente ahí que la fe puede venir.

La fe es depender solamente de la palabra de Dios. Por tanto tiempo como continúe la dependencia de uno mismo, por tanto tiempo como exista la esperanza de poder depender de cualquier cosa en uno mismo, no puede haber fe: no hay lugar para ella, ya que la fe es depender solamente de la palabra.

Pero cuando se desvanece cualquier esperanza de poder depender de algo nuestro, o que se encuentre en nosotros, y se reconoce esa imposibilidad; cuando todo lo visible va en contra de cualquier esperanza de justificación, es entonces cuando, reposando en la promesa de Dios, en la palabra solamente, esperando contra toda esperanza, entra en juego la fe: y por fe encuentra justificación plena y gratuita, por más impío que sea.

Porque escrito está: "Al que no obra, pero cree en aquél que justifica al impío, la fe le es contada por justicia". "La justicia de Dios por la fe de Jesucristo". "A quien Dios ha propuesto... para manifestación de su justicia, atento a haber pasado por alto, en su paciencia, los pecados pasados".

En eso consiste el ejercicio de la fe. ¿La estás tú ejerciendo? "Saber cómo ejercitar la fe, eso es la ciencia del evangelio".

Review and Herald, 7 febrero 1899

"Justificados pues por la fe, tenemos paz para con Dios por medio de nuestro Señor Jesucristo" (Rom. 5:1).

Puesto que la fe es depender solamente de la palabra de Dios, de lo que la palabra dice, ser justificado por la fe es sencillamente, ser contado por justo al depender de la palabra solamente.

Y puesto que esa palabra es la de Dios, depender solamente de la palabra es depender solamente de Dios, en su palabra. La justificación por la fe es, por lo tanto, ser tenido por justo al depender de Dios solamente; y de nadie más que de Él, porque así lo ha prometido.

Todos somos pecadores, –pecaminosos e impíos. Estamos, por lo tanto, sujetos al juicio de Dios. Rom. 3:9-19. Sin embargo, hay para todos nosotros escapatoria del juicio divino. Pero la única manera de escapar al juicio de Dios es creyendo en Él.

Cuando David pecó al censar el pueblo, e incurrió de esa manera en un juicio ejemplar de Dios, el Señor le dio a escoger entre siete años de hambre, huir tres meses de sus enemigos, o sufrir tres días de pestilencia. Pero David de ninguna manera quiso elegir; todo lo confió a Dios para que fuese Él quien escogiese, diciendo: "ruego que caiga en la mano de Jehová, porque sus miseraciones son muchas" (2 Sam. 24:11-14).

Cuando ponemos solamente en Dios nuestra dependencia, en su palabra, para alcanzar justicia, tenemos paz para con Él; porque obtenemos verdaderamente justicia, "y el efecto de la justicia será paz; y la labor de la justicia, reposo y seguridad para siempre" (Isa. 32:17).

Cuando dependemos solamente de Dios –de su palabra– para obtener la justicia, tenemos paz mediante nuestro Señor Jesucristo, "porque Él 28es nuestra paz, que de ambos", de Dios y del hombre, "hizo uno", "dirimiendo en su carne las enemistades" "para edificar en sí mismo los dos –Dios y el hombre– en un nuevo hombre, haciendo la paz" (Efe. 2:14 y 15).

Además, al depender solamente de Dios, de su palabra, para obtener justicia, tenemos paz para con Dios mediante nuestro Señor Jesucristo. "Y por Él reconciliar todas las cosas a sí, pacificando por la sangre de su cruz, así lo que está en la tierra como lo que está en los cielos. A vosotros también, que erais en otro tiempo extraños y enemigos de ánimo en malas obras, ahora empero os ha reconciliado en el cuerpo de su carne por medio de muerte, para haceros santos, y sin mancha, e irreprensibles delante de Él, SI empero permanecéis fundados y firmes en la fe", si continuáis dependiendo únicamente de Dios en su palabra (Col. 1:20-23).

Puesto que ha allanado de tal forma el camino, y ha hecho la justificación tal plena, y la paz tan segura para todos, y demanda a todos solamente que la reciban por el simple método de aceptarla de Él, dependiendo para ello solamente de Él, ¿por qué no habría de ser justificada toda alma que puebla la tierra, teniendo así la paz de Dios mediante nuestro Señor Jesucristo?

Eso es "lo que la Escritura quiere decir, cuando nos urge a la necesidad de cultivar la fe" ¿La estás tú cultivando? ¿Estás justificado por fe? ¿Tienes la justicia por la fe? ¿Tienes paz con Dios mediante nuestro Señor Jesucristo? "Tened fe en Dios" (Mar. 11:24).

La fe es completa dependencia de la sola palabra de Dios, para el cumplimiento de lo contenido en esa palabra.

Siendo así, conviene no olvidar nunca que allí donde no hay palabra de Dios, no puede existir ninguna fe.

Así lo muestra la verdad de que "la fe es por el oír, y el oír por la palabra de Dios" (Rom. 10:17). Puesto que la fe viene en verdad por la palabra misma de Dios, está claro que la fe no es posible sin la palabra de Dios.

Eso lo encontramos bellamente ilustrado en un episodio de la vida de David: puesto que éste tenía en su corazón edificar una casa al Señor, éste le habló mediante el profeta Nathán, diciendo: "Jehová te hace saber que Él te quiere hacer casa... y será afirmada tu casa y tu reino para siempre delante de tu rostro; y tu reino será estable eternamente".

Entonces David oró, diciendo: "Ahora pues, Jehová Dios, la palabra que has hablado sobre tu siervo y sobre su casa, despiértala para siempre, y haz conforme a lo que has dicho. Que sea engrandecido tu nombre por siempre, y dígase: Jehová de los ejércitos es Dios sobre Israel; y que la casa de tu siervo David sea firme delante de ti".

"Porque tú, Jehová de los ejércitos, Dios de Israel, revelaste al oído de tu siervo, diciendo: Yo te edificaré casa. Por esto tu siervo ha hallado en su corazón para hacer delante de ti esta súplica".

"Ahora pues, Jehová Dios, tú eres Dios, y tus palabras serán firmes, ya que has dicho a tu siervo este bien. Tenlo pues ahora a bien, y bendice la casa de tu siervo, para que perpetuamente permanezca delante de ti: pues que tú, Jehová Dios, lo has dicho, y con tu bendición será bendita la casa de tu siervo para siempre" (2 Sam. 7:11-29).

La suya fue una plegaria de fe, ya que se fundaba en la palabra de Dios: la palabra de Dios era la causa de ella; era su base; y la palabra de Dios constituía toda la esperanza de David, de que esa oración sería contestada. Pidió de acuerdo con la voluntad de Dios, ya que tal voluntad estaba expresada en la palabra de Dios. Habiendo rogado en armonía con la voluntad revelada de Dios, David supo que su oración fue oída. Y sabiendo tal cosa, supo que tenía asegurada la respuesta a la petición que había elevado (1 Juan 5:14). Por lo tanto, dijo: así sea. Y así también, la respuesta a la promesa fue, es, y será por siempre segura para David.

Todo eso fue escrito para nuestra enseñanza; a fin de que pudiésemos saber cómo elevar la oración de fe, y cómo cultivar la fe, en oración. Por lo tanto, 've y haz tú lo mismo'. Porque "la comprensión de lo que la Escritura quiere decir, cuando nos urge a la necesidad de cultivar la fe, es más esencial que cualquier otro conocimiento a nuestro alcance".

La fe es por el oír; y el oír por la palabra de Dios. Por lo tanto, la palabra de Dios es el único camino de la fe. De ese modo, allí donde no hay palabra de Dios, no puede existir fe. Y donde hay palabra de Dios, la fe consiste en depender enteramente de tal palabra, confiando en que ella cumplirá lo dicho.

A partir de esas verdades, se hace evidente que para que alguien pueda pedir con fe, es necesario primeramente que se asegure de que tiene la palabra de Dios para aquello que pide.

Siendo así, puede, lo mismo que David, orar de todo corazón en perfecta confianza, que no es sino perfecta fe.

Quien ora de tal modo, puede saber que lo hace en conformidad con la voluntad de Dios; efectivamente, sabe que cuenta con la clara palabra de Dios para eso.

Por lo tanto, sabe que Dios le oye, y por ello, sabe que tiene aquello para lo cual ha orado; eso es así porque el único fundamento de su esperanza es la palabra que dice lo que ha de suceder, y que constituyó la sola base de su petición.

El Señor nos dice que oremos así; habiendo hecho provisión, por lo tanto, para el constante crecimiento y fortalecimiento de la fe.

Muchos oran, pero sin tener la certeza de que sea la voluntad de Dios el que obtengan aquello que piden, y de esa forma, no saben si pueden estar ciertos de haberlo recibido; y no sabiendo tal cosa, quedan en la duda en cuanto a si sus oraciones han sido o no respondidas.

El Señor no desea que nadie permanezca en la incertidumbre. Por lo tanto, ha proporcionado su palabra a fin de que seamos perfectos, enteramente instruidos para toda buena obra, y por quien nos son dadas todas las cosas que pertenecen a la vida y a la piedad.

Todo aquel que busca en la palabra de Dios las cosas que Él ha provisto allí para todos, orando por esa cosa según la palabra, pidiendo por lo tanto en total armonía con la expresa voluntad de Dios, sabe que su plegaria es oída, y que tiene aquello por lo que oró.

Haciendo de ese modo, las oraciones serán siempre ciertas, la vida colmada de los dones que vienen directamente de Dios, y la fe será segura y firme, que no cesará de crecer.

Muchos elevan la plegaria de los discípulos: Señor, "auméntanos la fe". Eso está bien, pero nunca se debe olvidar que la fe viene solamente por la palabra de Dios. Por lo tanto, cuando tu fe aumente, lo será solamente mediante un aumento en ti de la palabra de Dios. Y la única forma en la que la palabra de Dios puede aumentar en ti, es oyendo esa palabra, orando al Señor por lo declarado en esa palabra, dependiendo de ella para su realización, y creyendo que lo has recibido. Entonces, y de ese modo, es como recibes la palabra, y ésta vive en ti.

Si bien podemos orar, 'Señor, aumenta nuestra fe', al mismo tiempo debemos recordar que debemos edificarnos sobre nuestra santísima fe (Judas 20).

Es así como se debe ejercitar la fe. La fe solamente puede ejercerse sobre la palabra de Dios, y por ella; ya que donde no hay palabra de Dios, no hay fe posible.

Y "saber cómo ejercitar la fe, eso es la ciencia del evangelio".

"El justo vivirá por la fe".

¿Quiénes son los justos? Únicamente los que son de la fe, ya que sólo por la fe es justificado el hombre. Si bien todos hemos pecado, y estamos "destituidos de la gloria de Dios", somos "justificados gratuitamente por su gracia, por la redención que es en Cristo Jesús".

"Al que obra, no se le cuenta el salario por merced, sino por deuda. Mas al que no obra, pero cree en aquel que justifica al impío, la fe le es contada por justicia".

"Justificados pues por la fe, tenemos paz para con Dios por medio de nuestro Señor Jesucristo". Los que son de la fe, y sólo ellos, son los únicos justos de la tierra.

Ahora bien, la fe es dependencia total de la palabra de Dios, de que cumplirá lo dicho por la palabra. "Así será mi palabra que sale de mi boca: no volverá a mí vacía, antes hará lo que yo quiero" (Isa. 55:11).

Ser justificado por la fe, por lo tanto, es ser justificado dependiendo enteramente de la palabra de Dios. Los justos son aquellos que son de la palabra de Dios. Es así como los hombres se hacen justos.

Los hombres deben, no solamente ser hechos justos por la fe –dependiendo de la palabra de Dios–, sino que siendo justos, debemos también vivir por la fe. El hombre justo vive precisamente de la misma manera en que fue hecho justo, y precisamente por lo mismo.

Venimos a ser justos por la fe; la fe es dependencia total de la palabra de Dios. Siendo justos, debemos vivir precisamente por lo mismo que por lo que fuimos hecho justos; esto es, dependiendo enteramente de la palabra de Dios.

Y eso es exactamente lo que dijo Jesús: El hombre vivirá "con toda palabra que sale de la boca de Dios". Es evidente que dijo, en otras palabras, que 'el hombre vivirá por la fe'.

No hay verdaderamente otra forma de vivir, si no es por fe, es decir, por la palabra de Dios. Sin fe, sin la palabra de Dios, sólo la muerte espera al hombre.

En realidad, sin la palabra de Dios todo muere; ya que en el principio, todo fue hecho por su palabra. La palabra de Dios es el origen y vida de todas las cosas. "Él dijo, y fue hecho".

Todas las cosas animadas e inanimadas –el sol, la luna y las estrellas, los animales y los hombres–, todos dependen por igual de la palabra de Dios para su existencia. Sólo al hombre concedió Dios el don maravilloso de la elección. Tal don abre la puerta de la fe. Cuando un hombre elige vivir por la palabra de Dios, que es el único medio de vida, la fe –la dependencia total de la palabra de Dios– es la forma en la que se aferra a las corrientes de la vida.

Así, "el justo vivirá por la fe", por lo tanto, "todo lo que no es de fe, es pecado", o lo que es lo mismo, el justo debe vivir por la palabra de Dios; y todo lo que no es de la palabra de Dios, es pecado.

"No podemos tener una experiencia cristiana saludable, ni obedecer al evangelio para salvación, a menos que la ciencia de la fe sea mejor comprendida; y haya un mayor ejercicio de la fe". "¿Tienes tú fe?". Ten la divina fe. "Aquí están los que guardan los mandamientos de Dios, y la fe de Jesús".

Review and Herald, 7 marzo 1899

"La justicia de Dios se descubre de fe en fe" (Rom. 1:17). La fe es entera dependencia de la palabra de Dios, esperar que la misma palabra realice lo que dice.

¿Existe, según eso, una justicia pronunciada por la palabra de Dios, de forma que el hombre pueda depender completamente de ella, que pueda confiar en que la palabra cumpla lo que declara?

Efectivamente. Y ese es precisamente el objetivo del don de Cristo, "al cual Dios ha propuesto… para manifestación [declaración, K.J.] de su justicia, atento a haber pasado por alto, en su paciencia, los pecados pasados" (Rom. 3:25).

Puesto que Dios ha establecido a Cristo expresamente para que manifieste, declare o diga, la justicia de Dios, la palabra de Dios ha sido ciertamente pronunciada y podemos depender plenamente de ésta, esperando que obre lo dicho por ella. En otras palabras, hay justicia que podemos recibir por la fe.

¿Dónde la encontramos pronunciada? En la palabra "perdón". "Él es fiel y justo para que nos perdone nuestros pecados". "Pero hay perdón en ti".

¿Qué significa "perdón"? Ese término se compone de dos partes: "per" (por, para); y "don" (donar, dar, dádiva); es decir, dar por. Perdonar, por lo tanto, es sencillamente dar por. Para el Señor, perdonar el pecado, es donar por el pecado. ¿Qué es lo que da el Señor por el pecado? Declara "su justicia perdonando los pecados".

Así pues, cuando el Señor perdona –da por–, da justicia por el pecado. Y puesto que la justicia que el Señor posee es la suya propia, es evidente que la única justicia que da es la justicia de Dios.

Tal es el don de su justicia. Todo hombre ha pecado. Si es que ha de ser librado, sólo puede serlo gratuitamente. Y puesto que el perdón 34por el pecado –la justicia de Dios dada por el pecado– es enteramente gratuito, ahí tenemos el don gratuito de la justicia de Dios "a todos los hombres para justificación de vida". Rom. 5:18.

Toda alma que pida a Dios perdón por el pecado, está en realidad pidiendo la justicia de Dios por el pecado. Todo el que pide el perdón, lo pide solamente sobre la palabra de Dios, que declara tal perdón. Y la fe es completa dependencia de la palabra para el cumplimiento de lo que ésta dice. Por lo tanto, la justicia viene por la fe.

"Cualquiera que pide, recibe". Has pedido muchas veces al Señor que perdone tus pecados; es decir, le has pedido que dé por tu pecado. Pero cuando haces tal cosa, le estás pidiendo que dé lo único que Él da, o puede dar por el pecado, que es su justicia. En eso consiste pedir el perdón del Señor.

Y efectivamente, perdona –da por– tus pecados, cuando así se lo pides. Dice que lo hace, y así es. "Él es fiel", es decir, no falla jamás, "y justo para que nos perdone nuestros pecados". Y lo que da por nuestros pecados, es su justicia.

¿No le estarás agradecido por la justicia que gratuitamente te da por tus pecados, cuando se la pides?

¿Comprendes que la justicia por la fe es algo tan sencillo y claro como el pedirle a Dios el perdón por el pecado?

Cree que se te concede el perdón por tu pecado, cuando así lo pides, y recibe agradecido esa justicia, como el don de Dios. En eso consiste ejercitar la fe.

Pero cuán cierto es que "padecemos mucha aflicción y pesar a causa de nuestra incredulidad, y de nuestra ignorancia respecto a cómo ejercitar la fe".

"¿Tienes tú fe?". Ten la fe divina. "Aquí están los que guardan... la fe de Jesús".

Review and Herald, 14 marzo 1899

"En Cristo Jesús, ni la circuncisión vale algo, ni la incircuncisión. Lo que vale es la fe que obra por el amor" (Gál. 5:6).

Para aquellos a quienes se dirigía este pasaje, en el momento en que fue escrito, la circuncisión lo era todo; y era así en virtud de lo que representaba.

Para ellos, la circuncisión representaba las obras, y nada más que eso. Les parecía la mayor de las obras, más grande aún que la propia creación, ya que, como decían los rabinos: 'Tan grande es la circuncisión que de no ser por ella, el Santo (bendito sea) no habría creado el mundo'. 'Es tan grande como cualquiera de los otros mandamientos'. 'Equivalente a todos los mandamientos de la ley" (Farrar, Vida de Pablo, cap. 22, párr. 5, nota; cap. 35, párr. 4, nota).

Sin embargo, eso que para ellos era tan importante, el Señor lo derribó en un momento, con las palabras: "La circuncisión nada es" y, en Cristo Jesús, la circuncisión no vale nada. Y teniendo en cuenta lo que para ellos significaba, eso equivalía a decir llanamente que las obras nada son, y que en Cristo Jesús, no valen nada.

Entonces, a todos los otros, quienes en vista de lo anterior podrían sentirse inclinados a jactarse de su carencia de obras, excusando así el pecado, se les da la palabra con igual firmeza: "y la incircuncisión nada es". "En Cristo Jesús…, ni la incircuncisión". En su contexto, equivale a afirmar que la ausencia de obras nada es, y que en Cristo Jesús, la ausencia de obras no vale nada.

Así pues, las obras no son nada, y la ausencia de ellas, tampoco. En Cristo Jesús, ni las obras ni la falta de obras valen nada.

Esa palabra inspirada, por lo tanto, declara definitivamente carentes de mérito ambas categorías, por ellas mismas, o cualquier cosa que se pueda hacer o dejar de hacer.

Lo anterior es tan cierto hoy como lo fue siempre. A los efectos de estar o no en Cristo, las obras –y también la ausencia de ellas– carecen de valor. Leemos: "¿Estás en Cristo? No, si no os reconocéis pecadores errantes, desamparados y condenados. No, si estáis exaltando y glorificando al yo… Vuestro nacimiento, reputación, riqueza, talentos, virtudes, piedad, filantropía, o cualquier otra cosa en vosotros, o en relación con vosotros, no formará un vínculo de unión entre vuestra alma y Cristo"(Testimonies, vol. 5, p. 48 y 49).

¡Qué pues! ¿Se nos abandona al vacío total? ¡De ninguna forma! Gracias a Dios que hay algo que vale por todo, y por siempre. Si bien es una verdad establecida que "en Cristo Jesús ni la circuncisión vale algo, ni la incircuncisión", ni las obras ni las no obras valen nada, tenemos también la verdad eterna de que "en Cristo Jesús… lo que vale es LA FE QUE OBRA POR EL AMOR".

Obsérvese que no es la fe y las obras lo que vale, sino "la fe QUE obra". Es la fe la que puede obrar en ella misma, y lo hace. Es eso, y solamente eso, lo único que vale para todos, en todo tiempo y lugar.

La fe viene únicamente de Dios; y obra solamente las obras de Dios. Así, aquel que –en Cristo Jesús– tiene "la fe que obra", posee aquello que es de valor para que Dios se pueda manifestar en la carne, obrando las obras de Dios. Así, "esta es la obra de Dios, que creáis en el que Él ha enviado".

De manera que "si es que hay algo bueno en vosotros, es totalmente atribuible a la gracia del Salvador compasivo... Vuestra relación con la iglesia, la forma en la que os valoran vuestros hermanos, no valdrá nada, a menos que creáis en Cristo. No es suficiente creer acerca de Él; debéis creer en Él. Habéis de depender enteramente de su gracia salvadora" (Id.).

"¿Tienes tú fe?". Ten la fe divina. "Aquí están los que guardan... la fe de Jesús".

Review and Herald, 28 marzo 1899.

Liberación

"Vivid según el Espíritu, y no satisfaréis los deseos malos de la carne"

(Gál. 5:16).

¡Qué magnífica promesa! Magnífica en verdad, para todo aquel que cree.

Piensa en los deseos malos de la carne. ¡Cuán extendidos están, y cuán severos son sus clamores! ¡Cuán opresivo es su dominio! ¡Cuán miserable la esclavitud que imponen al hombre!

Todo el mundo los ha experimentado –deseando hacer el bien que quiere, para hacer solamente el mal que aborrece; teniendo la voluntad de hacer lo mejor, pero sin encontrar la manera de lograrlo; deleitándose en la ley de Dios según el hombre interior, pero encontrando otra ley en sus miembros que está en pugna contra la ley de su mente, y que lo lleva en cautividad a la ley del pecado que rige en sus miembros; llevándole a clamar por fin, "¡Miserable hombre de mí! ¿quién me librará del cuerpo de esta muerte?" (Rom. 7:14-24).

Gracias a Dios, hay liberación. Se encuentra en Cristo Jesús y en el Espíritu divino (Rom. 7:25; 8:1 y 2). Y siendo que en Cristo Jesús, la ley del Espíritu de vida os ha hecho libres de la ley del pecado y muerte, "vivid según el Espíritu, y no satisfaréis los deseos malos de la carne". No es solamente que haya liberación de la esclavitud a la corrupción: la gloriosa libertad de los hijos de Dios está igualmente a disposición de todo aquel que recibe al Espíritu, y vive según Él.

"Vivid según el Espíritu, y no satisfaréis los deseos malos de la carne". Obsérvese la lista de las obras de la carne: "adulterio, fornicación, inmundicia, lascivia, idolatría, hechicerías, enemistades, pleitos, celos, explosiones de ira, contiendas, divisiones, sectarismos, envidias, homicidios, borracheras, orgías y cosas semejantes". No llevaréis a cabo ninguna de esas cosas; tenéis la victoria sobre todas ellas cuando vivís según el Espíritu. Así lo afirma la fiel palabra de Dios.

¿No es ese un estado deseable? ¿Acaso podemos imaginar algo mejor? Y teniendo en cuenta que se obtiene pidiéndolo y tomándolo, ¿no valdrá la pena pedirlo y tomarlo?vAcepta la liberación que Cristo ha traído para ti. Manténte, y manténte firme en la libertad en la que Cristo nos ha hecho libres. "Pedid, y se os dará". "Porque cualquiera que pide, recibe" . "Tomad el Espíritu Santo". "Sed llenos del Espíritu". Sí, "andad en Él", el "Espíritu Santo de Dios, con el cual estáis sellados para el día de la redención".

Review and Herald, 14 marzo 1899

Capítulo 3—También por Nosotros

Ellet J. Waggoner

El cuarto capítulo de Romanos es uno de los de mayor riqueza en la Biblia, por la esperanza y ánimo que contiene para el cristiano. En Abraham, tenemos un ejemplo de la justicia por la fe, y queda expuesta ante nosotros la maravillosa herencia prometida a todos los que tienen la fe de Abraham. Y esa promesa no está restringida. La bendición de Abraham viene tanto a los gentiles como a los judíos; nadie hay tan pobre que no pueda compartirla, ya que "es por la fe, para que sea por gracia; para que la promesa sea firme a toda simiente".

La última cláusula del versículo diecisiete merece especial atención. Contiene el secreto de la posibilidad de nuestro éxito en la vida cristiana. Dice que Abraham creyó a Dios "el cual da vida a los muertos, y llama las cosas que no son, como las que son". Eso denota el poder de Dios; implica poder creador. Dios puede llamar algo que no existe como si existiese. Si eso lo hiciese un hombre, ¿cómo lo calificaríamos? Como una mentira. Si un hombre dice que una cosa existe, siendo que no es así, a eso lo conocemos como mentira. Pero Dios no puede mentir. Por lo tanto, cuando Dios llama las cosas que no son como si fueran, es evidente que con ello las hace ser. Es decir, su palabra las hace venir a la existencia. Hay un conocido y antiguo dicho infantil: "si mamá lo dice, es así, aunque no lo fuese". Tal sucede con Dios. En el tiempo referido como "en el principio" –sin más escenario que el desolador vacío de la nada–, Dios habló, e instantáneamente surgieron a la existencia los mundos. "Por la palabra de Jehová fueron hechos los cielos, y todo el ejército de ellos por el espíritu de su boca... Porque Él dijo, y fue hecho; mandó, y existió" (Sal. 33:6-9). Ese es el poder al que alude Romanos 4:17. Leámoslo y apreciemos la fuerza del lenguaje en relación con lo expresado. Hablando todavía de Abraham, dice el apóstol:

"Él creyó en esperanza contra esperanza, para venir a ser padre de muchas gentes, conforme a lo que le había sido dicho: Así será tu simiente. Y no se enflaqueció en la fe, ni consideró su cuerpo ya muerto (siendo ya de casi cien años), ni la matriz muerta de Sara; Tampoco en la promesa de Dios dudó con desconfianza, antes fue esforzado en fe, dando gloria a Dios, plenamente convencido de que todo lo que había prometido, era también poderoso para hacerlo. Por lo cual también le fue atribuido a justicia" (Rom. 4:18-22).

Aprendemos aquí que la fe de Abraham en Dios, como Aquel que era capaz de traer las cosas a la existencia por su palabra, fue ejercida en relación con su capacidad para crear justicia en una persona destituida de ella. Los que ven la prueba de la fe de Abraham como refiriéndose simplemente al nacimiento de Isaac, pierden la enseñanza central y la belleza del pasaje sagrado. Isaac no era más que aquel a través del cual le sería llamada simiente, y esa simiente es Cristo. Véase Gál. 3:16. Cuando Dios dijo a Abraham que en su simiente serían benditas todas las naciones de la tierra, en realidad le estaba predicando el evangelio (Gál. 3:8); por lo tanto, la fe de Abraham en la promesa de Dios era realmente fe en Cristo como el Salvador de los pecadores. Tal era la fe que le fue contada por justicia.

Obsérvese ahora la fuerza de esa fe. Su propio cuerpo estaba ya virtualmente muerto a causa de la edad, y el de Sara no estaba en mejor condición. El nacimiento de Isaac de una pareja tal, no significaba menos que producir vida a partir de los muertos. Fue un símbolo del poder de Dios para traer a la vida espiritual a quienes estaban muertos en transgresiones y pecados. Abraham esperó contra toda esperanza. Humanamente hablando, no había posibilidad alguna de que la promesa se cumpliese; todo iba en contra, pero su fe se aferró y reposó en la inmutable palabra de Dios, y en su poder para crear y dar la vida. "Por lo cual también le fue atribuido a justicia". Y en suma:

"No solamente por él fue escrito que le haya sido imputado; sino también por nosotros, a quienes será imputado, esto es, a los que creemos en el que levantó de los muertos a Jesús Señor nuestro, el cual fue entregado por nuestros delitos, y resucitado para nuestra justificación" (Rom. 4:23-25).

Así pues, la fe de Abraham fue lo que debe ser la nuestra, y con similar objeto. El hecho de que sea por la fe en la muerte y resurrección de Cristo, que se nos imputa la misma justicia que se le imputó a Abraham, muestra que la fe de Abraham lo fue igualmente en la muerte y resurrección de Cristo. Todas las promesas de Dios a Abraham lo eran para nosotros, tanto como para él. En un lugar se nos dice que eran especialmente para nuestro provecho. "Porque prometiendo Dios a Abraham, no pudiendo jurar por otro mayor, juró por sí mismo". "Por lo cual, queriendo Dios mostrar más abundantemente a los herederos de la promesa la inmutabilidad de su consejo, interpuso juramento; para que por dos cosas inmutables, en las cuales es imposible que Dios mienta, tengamos un fortísimo consuelo, los que nos acogemos a trabarnos de la esperanza propuesta" (Heb. 6:13,17,18). Nuestra esperanza descansa, por lo tanto, en la promesa y juramento hechos a Abraham, ya que tal promesa, confirmada por un juramento, contiene todas las bendiciones que Dios puede otorgar al hombre.

Pero antes de pasar a otro punto, vamos a hacer lo anterior un poco más personal. Alma vacilante, no digas que tus pecados son tantos, y tú tan débil, que no hay para ti esperanza. Cristo vino para salvar a los perdidos, y es poderoso para salvar hasta lo sumo a los que por Él se allegan a Dios. Eres débil, pero te dice, "mi potencia en la flaqueza se perfecciona" (2 Cor. 12:9). Y el registro inspirado nos habla de aquellos que "sacaron fuerza de la debilidad" (Heb. 11:34). Significa que Dios tomó la debilidad misma de ellos, y la transformó en fortaleza. Demuestra de ese modo su poder. Es su forma de obrar. "Antes lo necio del mundo escogió Dios, para avergonzar a los sabios; y lo flaco del mundo escogió Dios, para avergonzar lo fuerte; y lo vil del mundo y lo menospreciado escogió Dios, y lo que no es, para deshacer lo que es: Para que ninguna carne se jacte en su presencia" (1 Cor. 1:27-29).

Ten la fe sencilla de Abraham. ¿De qué manera obtuvo la justicia? No considerando lo mortecino o falto de fuerza que estaba su cuerpo, sino estando dispuesto a dar a Dios toda la gloria. Siendo esforzado en la fe de que Él sería capaz de hacer todas las cosas a partir de lo que no era.

Tú, por lo tanto, no consideres la debilidad de tu cuerpo, sino la gracia y el poder de nuestro Señor, teniendo la seguridad de que la misma palabra capaz de crear el universo, y de resucitar los muertos, puede crear en ti un corazón limpio, y vivificarte en Dios. Serás así hijo de Abraham. Hijo de Dios por la fe en Cristo Jesús.

Signs of the times, 13 octubre 1890

Capítulo 4—Creación o Evolución ¿Cuál de las Dos?

Alonzo T. Jones

Hoy vamos a hablar sobre el tema de la evolución. Quisiera que prestaseis cuidadosa atención, y que os dieseis cuenta por vosotros mismos de si sois o no evolucionistas. Primeramente os voy a leer en qué consiste la evolución; seguidamente podréis ver si sois o no evolucionistas. Las siguientes afirmaciones están tomadas de un famoso tratado sobre el tema, escrito por uno de los principales defensores del evolucionismo, por lo tanto, se pueden considerar ajustadas y rigurosas, en tanto que definiciones autorizadas:

"La evolución es la teoría que representa el devenir del mundo como una transición gradual desde lo indeterminado hacia lo determinado, desde lo uniforme a lo variado, y que asume que la causa de esos procesos es inherente al propio mundo que es objeto de la transformación".

"Evolución es, pues, casi un sinónimo de progreso. Es una transición desde lo inferior a lo superior, de lo peor a lo mejor. Tal progreso apunta a un valor añadido en la existencia, tal como reconocen nuestros sentimientos".

Obsérvense los puntos destacados en estas tres frases: la evolución representa el devenir del mundo como una transición gradual desde lo inferior a lo superior, de lo peor a lo mejor; y asume que ese proceso es inmanente al mundo que es objeto de tal transformación. Es decir, la cosa mejora por sí misma; y lo que la hace mejorar es ella misma. Y ese progreso significa un "valor añadido en la existencia, tal como nuestros sentimientos reconocen". O sea, sabes que eres mejor, porque te sientes mejor. Sabes que ha habido progreso, porque sientes que es así. Tus sentimientos son la medida de tu situación. El conocimiento que tienes de tus sentimientos regula tu progreso desde lo peor hacia lo mejor.

Ahora, a propósito de ese asunto del progreso desde lo peor a lo mejor, ¿tienen algo que ver tus sentimientos? Si es así, ¿qué eres en realidad? Cualquiera de los aquí reunidos que mida su progreso –el valor de su experiencia– por sus sentimientos, es evolucionista: no importa si ha sido adventista por cuarenta años, no deja de ser evolucionista. Su religión, su cristianismo, es una profesión desprovista de la sustancia, la forma sin el poder.

Ahora quisiera leer lo que es la evolución en otros términos, a fin de que podáis ver que es infidelidad. Por lo tanto, si te reconoces evolucionista, comprenderás que eres en realidad infiel: "La hipótesis de la evolución tiene por objeto el responder a diversas cuestiones en relación con el principio, o génesis de las cosas". "Contribuye a restaurar el sentimiento ancestral hacia la naturaleza en tanto que nuestro padre, y fuente de nuestra vida".

Una de las ramas de esa especie de ciencia que más ha contribuido al establecimiento de la doctrina de la evolución, es la nueva ciencia de la geología, que evoca la existencia de vastos e inimaginables períodos de tiempo en la historia pasada de nuestro globo. Esos largos períodos, como afirma otro de los escritores destacados sobre el tema –en realidad su principal autor–, "son la base indispensable para la comprensión del origen del hombre" en el proceso de la evolución. Así pues, el progreso ha tenido lugar a lo largo de edades interminables. Sin embargo, ese progreso no ha tenido lugar de una forma continua y directamente ascendente, desde su inicio hasta el estado actual, sino que ha sufrido muchos altibajos. Se han dado muchos períodos de gran belleza y simetría; luego, un cataclismo o erupción, y todo hecho añicos, por así decirlo. Nuevamente se inicia el proceso a partir de esa condición de cosas, y se inicia la reconstrucción. El proceso se repitió muchas, muchas veces; y esa es la evolución –la transición desde lo inferior hacia lo superior, de lo peor a lo mejor.

Ahora, ¿cuál ha sido el devenir de tu progreso, desde lo peor hacia lo mejor? ¿Ha sido mediante muchos "altibajos"? ¿Se ha caracterizado tu adquisición del poder para hacer el bien –las buenas obras que vienen de Dios– por un largo proceso de altos y bajos, desde que comenzó tu profesión de fe hasta ahora? ¿Ha parecido en ocasiones que hacías un gran progreso, que lo estabas haciendo bien, que todo era bonito y placentero; y entonces, sin ningún aviso, se ha producido un cataclismo o erupción que lo ha desbaratado todo? No obstante, a pesar de todos los altos y bajos, ¿te dispusiste a comenzar en un nuevo esfuerzo: y así, mediante ese proceso, prolongado en el tiempo, has llegado a donde estás ahora; y mirando atrás, al contemplarlo globalmente, puedes constatar cierto progreso "tal como tus sentimientos reconocen"? ¿Es esa tu experiencia? ¿Es esa la manera en la que has progresado?

En otras palabras: ¿eres evolucionista? No evadas la pregunta; confiesa la verdad con franqueza, porque quisiera hoy hacerte abandonar el evolucionismo. Hay una forma de librarse de él: todo aquel que haya llegado a este lugar siendo evolucionista puede salir de él siendo cristiano. Así pues, si describo a un evolucionista de forma que puedas verte reflejado en esa descripción, reconócelo así

–admite que eres tú mismo–, y sigue después los pasos que Dios te indicará, de manera que seas totalmente liberado de eso. Pero, con toda franqueza, si tu experiencia es la que he descrito, si es esa la clase de progreso que has hecho en tu vida cristiana, créeme que eres evolucionista, lo admitas o no. Lo más aconsejable, no obstante, es admitirlo, abandonarlo, y ser cristiano.

Otro aspecto más: "La evolución, hasta donde alcanza, ve la materia como algo eterno". Asumiendo lo anterior, "la noción de creación queda eliminada de los campos de existencia a los que se aplica". Ahora, si miras hacia ti mismo, para encontrar ese principio que produzca el progreso que en ti debe darse a fin de poder entrar en el reino de Dios; si supones que está inmanente en ti mismo, y que si logras ponerlo adecuadamente en acción, y lo supervisas una vez ha comenzado a obrar, todo irá bien; –si has estado esperando, velando y progresando de esa manera, eres evolucionista. Ya que leo más a propósito de qué es la evolución: "Está claro que la doctrina de la evolución es directamente antagonista de la de la creación… la idea de la evolución, cuando se la aplica a la formación del mundo como un todo, es lo opuesto a la creación directa, volitiva".

Tal es la evolución, según la definición de sus inventores, –que el mundo, con todo lo que en él hay, vino por sí mismo; y que el principio que lo llevó a la situación en la que ahora está, es inherente a sí mismo, y produce en sí mismo todo cuanto el mundo es. De manera que, evidentemente, "la evolución es directamente antagonista de la creación".

Cierto que por lo que respecta al mundo y todo cuanto en él hay, no crees que viniese por sí mismo. Sabes que no eres evolucionista hasta ese punto; crees que Dios creó todas las cosas. Todos cuantos estamos hoy aquí reunidos diríamos que Dios creó todas las cosas, –el mundo y todo lo que hay en él. La evolución no admite tal cosa: no deja lugar a la creación.

Hay, sin embargo, otro aspecto de la evolución que no es aparentemente antagónico de la creación. Los que idearon esa evolución a cuyas citas nos hemos referido, no pretendían otra cosa que ser infieles –ser hombres sin fe–, ya que un infiel es sencillamente alguien desprovisto de fe. Aun en el caso de que alguien pretenda tener fe, si no la tiene realmente, es un infiel. Por supuesto, el término "infiel" tenía para ellos un significado más concreto que el que posee en nuestros días. Los que enunciaron esa doctrina de la evolución que hemos citado eran hombres de esa clase; pero cuando difundieron la enseñanza por doquier, hubo gran cantidad de profesos cristianos, que pretendían ser hombres de fe, que profesaban creer la palabra de Dios –que enseña la creación–. Esos hombres, no conociendo por ellos mismos la palabra de Dios, teniendo una fe que era una mera forma sin el poder, se vieron seducidos por el encanto de aquella doctrina novedosa, y deseosos de conseguir popularidad mediante la nueva ciencia, no se atrevieron a declarar que renegaban de Dios, de la creación en cierta manera, dando así origen a una especie de evolución con el Creador en ella. Se la conoce como la evolución teísta; es decir, Dios comenzó la cosa, sea esta lo que fuere; pero a partir de entonces, ha venido funcionando por ella misma. Dios la inició, y en lo sucesivo ha sido capaz por ella misma de cumplir todo cuanto ha sucedido. Todo eso, no obstante, no es más que un primer paso, una treta para salvar las apariencias, y en boca de los auténticos evolucionistas, no es más que "una fase de transición desde la hipótesis de la creación a la de la evolución". Es pura evolución, ya que no hay medias tintas entre la creación y la evolución.

Seas tú uno de ellos o no, lo cierto es que abundan, incluso entre los adventistas –no tantos como antaño ¡gracias a Dios!– quienes creen que necesitamos a Dios para el perdón de nuestros pecados, iniciándonos de esa manera en el camino; pero posteriormente, debemos obrar nuestra propia salvación con temor y temblor. De acuerdo con eso, temen y tiemblan todo el tiempo; pero no obran ninguna salvación, ya que no tienen a Dios constantemente obrando en ellos, "así el querer como el hacer, por su buena voluntad" (Fil. 2:12,13).

Se nos dice en Hebreos 11:3 que por la fe entendemos que los mundos fueron formados [construidos, hechos] por la palabra de Dios, de modo que lo que vemos no fue hecho a partir de lo visible (King James). La tierra que conocemos no fue hecha a partir de rocas; el hombre no fue hecho a partir de monos, antropoides ni "eslabones perdidos". Los monos no fueron hechos a partir de renacuajos, ni los renacuajos de protoplasmas, en aquel remoto principio. No, "los mundos fueron formados por la palabra de Dios, de modo que lo que vemos no fue hecho a partir de lo visible".

Ahora, ¿por qué es que lo que vemos no fue hecho a partir de lo visible? Simplemente porque las cosas a partir de las que fueron hechas no parecen. Y la razón de que no parezcan es que no había tales cosas. No existían en absoluto. Los mundos fueron formados por la palabra de Dios; y la palabra de Dios tiene una cualidad, o propiedad en sí misma que causa, al ser pronunciada, no solamente la existencia de la cosa invocada, sino también del material que la compone, aquello de lo que consta en cuanto a la sustancia.

Conocéis también esa otra escritura, aquella que declara que "por la palabra de Jehová fueron hechos los cielos, y todo el ejército de ellos por el espíritu de su boca... porque Él dijo, y fue hecho; Él mandó, y existió" (Sal. 33:6-9). A propósito de eso os quiero preguntar: ¿Cuánto tardó en suceder lo que Dios "habló"? ¿Cuánto tiempo pasó desde que habló hasta que "fue hecho"? [Voz: 'ningún tiempo'] ¿Ni una semana? –No. ¿Ni seis largos períodos de tiempo? –No. La evolución, incluso la que reconoce a un Creador, mantiene que la formación de las cosas que vemos tomó edades incontables e indefinidas, o "seis largos e indefinidos períodos de tiempo", después que Dios habló. Pero eso es evolución, no creación: la evolución tiene lugar mediante un largo proceso. La creación, mediante la palabra hablada.

Cuando Dios, pronunciando la palabra, hubo creado los mundos, dijo en relación con el nuestro, "Sea la luz". ¿Cuánto tiempo pasó desde la emisión de las palabras "Sea la luz", y la aparición de la luz? Quiero recalcar esto a fin de que podáis averiguar si sois evolucionistas o creacionistas. Permitidme repetir la pregunta, ¿no hubo seis largos períodos de tiempo entre la emisión de la palabra y el cumplimiento del hecho? Decís que no. ¿No pasó una semana? –No. ¿No pasó un día? –No. ¿Ni siquiera una hora? –No. ¿Y un minuto? –Tampoco. ¿Quizá un segundo? –No, ciertamente. No pasó ni un segundo entre el momento en que Dios pronunció las palabras "Sea la luz", y la existencia de esa luz. [Voz: "Tan pronto como se pronunció la palabra, fue la luz"]. Efectivamente, así es como sucedió. He presentado ese punto con detenimiento a fin de que quede bien fijado en vuestra mente, por temor a que lo olvidéis, cuando más adelante os haga alguna pregunta relacionada con ello. Así pues, ¿queda claro que cuando Dios dijo "Sea la luz", no pasó ni un segundo entre eso y el momento en el que la luz brilló? [Voz: Sí]. Muy bien. Entonces, aquel que admite que transcurrió cualquier cantidad de tiempo entre la declaración de Dios y la aparición de la cosa, es un evolucionista. Si son edades sin fin, se trata simplemente de alguien más evolucionista que el que piensa que tardó un día: es lo mismo, sólo que en mayor cantidad.

Dios dijo a continuación, "Haya expansión...", "y fue así". Luego, "dijo Dios: Júntense las aguas que están debajo de los cielos en un lugar, descúbrase la seca: y fue así". Cada vez que Dios habló, fue así. Eso es la creación.

Veis, pues, que para un evolucionista es perfectamente lógico y razonable el despreciar la palabra de Dios, y no ejercer fe en ella; eso es debido a que la evolución es lo contrario a la creación. Si la evolución es antagonista de la creación, y la creación es por la palabra de Dios, entonces la evolución es contraria a la palabra de Dios. Por supuesto, el evolucionista genuino y declarado no tiene ningún lugar para esa Palabra, ni tampoco para los semi-evolucionistas, – aquellos que evocan la creación y la palabra de Dios a modo de iniciación. La evolución necesita tanto tiempo, un período tan indefinido e indeterminado para conseguir lo que sea, que descarta la creación.

El evolucionista genuino reconoce que la creación debe ser inmediata; pero no cree en la acción inmediata, por lo tanto no acepta la creación. No olvidéis que la creación, o bien es inmediata, o no es creación: si no es inmediata, entonces es evolución. Así, volviendo a la creación en el principio, cuando Dios habla, en su palabra está la energía creadora que produce lo que esa palabra pronuncia. En eso consiste la creación; y esa palabra de Dios es la misma ayer, y hoy, y por los siglos; vive y permanece para siempre; tiene vida eterna en sí misma. La palabra de Dios es algo viviente. La vida en ella contenida es la vida de Dios –vida eterna. Por lo tanto, es la palabra de vida eterna, como Jesús dijo, y permanece para siempre. Es la palabra de Dios para siempre, y posee eternamente la energía creadora en ella misma.

Así, cuando Jesús estuvo aquí, dijo: "Las palabras que yo os he hablado, son espíritu, y son vida". Las palabras que Jesús habló son las palabras de Dios. Están impregnadas de la vida de Dios. Son vida eterna, permanecen para siempre; y en ellas está la energía creadora para producir lo que declaran.

Así lo ilustran muchos incidentes en la vida de Cristo, tal como narra el Nuevo Testamento. Me referiré a uno o dos de ellos, a fin de que podáis captar el principio. Recordáis que tras el sermón de la montaña, Jesús descendió, y encontró a un centurión que le dijo: "Señor, mi mozo yace en casa paralítico, gravemente atormentado. Y Jesús le dijo: Yo iré y le sanaré". El centurión dijo: "Señor, no soy digno de que entres debajo de mi techado; mas solamente di la palabra, y mi mozo sanará". Jesús, dirigiéndose a quienes le seguían, dijo: "ni aun en Israel he hallado tanta fe"

Israel tenía la Biblia; conocía la palabra de Dios. Se enorgullecía de ser el pueblo del libro, el pueblo de Dios. Lo leían. Predicaban en sus sinagogas: "mi palabra [la de Dios]… hará lo que yo quiero". Cuando leían esa palabra, decían: 'Correcto: hay algo que hacer. Vemos la necesidad de que se haga, y así lo haremos. Lo cumpliremos'. Entonces hacían lo mejor de su parte para cumplirlo. Su realización les tomaba un tiempo considerable. Realmente un larguísimo tiempo. Tan largo, de hecho, que jamás lo cumplieron. El genuino cumplimiento de la palabra quedaba tan lejano, que tenían que exclamar: "Si una sola persona, durante un sólo día fuese capaz de guardar toda la ley, sin ofender en ningún punto… Incluso si una sola persona pudiese guardar la parte de la ley que se refiere a la debida observancia del sábado, entonces los problemas de Israel llegarían a su fin, y vendría por fin el Mesías". Así, aunque comenzaban por cumplir lo que la palabra decía, les tomaba tanto tiempo que jamás lo alcanzaban. ¿Qué eran, entonces?

Estaba la palabra de Dios, que decía, "hará lo que yo quiero, y será prosperada". Hablaba, pues, de su poder creador. Y, si bien profesaban creer en la energía creadora de la palabra de Dios, en sus propias vidas negaban tal cosa, y decían 'Lo haremos'. Miraban hacia ellos mismos para el proceso que les llevaría al punto en que esa palabra y ellos estarían en armonía. ¿Qué eran? ¿Tenéis miedo a responder, porque quizá esa misma situación haya sido la vuestra? No tengáis reparos en decir que eran evolucionistas, ya que eso es lo que eran, y eso somos muchos de nosotros. Su proceder era antagónico al de la creación; no había allí ninguna creación. No eran hechos nuevas criaturas; ninguna vida nueva se formaba en su interior; no era el poder de Dios el que obraba; todo venía de ellos mismos; y tan lejos estaban de creer realmente en la creación, que rechazaron al Creador y lo expulsaron del mundo crucificándolo. Ese es el fruto invariable de la evolución, ya que no olvidéis que la evolución es directamente contraria a la creación.

Ese era el pueblo al que Jesús se refería cuando hizo esa declaración sobre la fe en Israel. Tenemos aquí a un hombre romano que había crecido entre los judíos, quienes habían anulado la enseñanza de Jesús. El centurión había estado en las inmediaciones de Jesús, y le había oído hablar. Escuchó sus palabras y observó el efecto que tenían, hasta el punto en que se dijo a sí mismo: 'Todo lo que este hombre dice, sucede. Cuando dice una cosa, se cumple'. 'Voy a apropiarme de eso', de forma que fue a Jesús, y le dijo lo que está escrito. Jesús sabía perfectamente que el centurión tenía la mente puesta en el poder de su palabra para cumplir lo dicho; y replicó, 'Muy bien, voy a ir a sanar a tu siervo'. –¡Oh no, mi Señor, no necesitas venir! Podéis ver que el centurión estaba poniendo a prueba esa verdad, para ver si había o no poder en la palabra. De manera que dijo, "Solamente di la palabra, y mi mozo sanará". Jesús respondió al centurión, "Ve, y como creíste te sea hecho. Y su mozo fue sano en el mismo momento". Cuando esa palabra fue pronunciada, "Ve, y como creíste te sea hecho", ¿Cuánto tiempo pasó hasta que el mozo fue sano? ¿Veinte años? –No. ¿No tuvo que pasar por muchos altibajos antes de ser efectivamente sanado? Honestamente… –No, no. Cuando se pronunció la palabra, la palabra cumplió lo dicho, y lo cumplió al acto.

Otro día, Jesús estaba andando, y un leproso a cierta distancia de Él lo vio y lo reconoció. También él se había aferrado a la bendita verdad del poder de la energía creadora de la palabra de Dios. Dijo a Jesús, "Si quieres, puedes limpiarme". Jesús se detuvo y le dijo, "Quiero, queda limpio. Y al instante, le desapareció la lepra y quedó limpio" (Mar. 1:41,42, Biblia de Jerusalem). No se nos autoriza a introducir ni un momento de tiempo entre la pronunciación de la palabra y el cumplimiento del hecho: Fue curado "al instante".

Veis que la palabra de Dios, al principio de la creación, tenía en ella misma la energía creadora para producir lo que la palabra pronunciaba. Veis también que cuando Jesús vino al mundo para mostrar a los hombres el camino de la vida, a salvarlos de sus pecados, demostró una y otra vez, aquí, allá y por todas partes, a todo hombre y por siempre, que la misma palabra de Dios tiene todavía la misma energía creadora en ella; de manera que cuando es pronunciada, allí está en su integridad la energía creadora para cumplir lo dicho por la palabra.

Ahora, ¿eres evolucionista o eres creacionista? La palabra te habla a ti. La has leído, profesas creerla. Crees en la creación, a pesar de los evolucionistas; ¿Creerás ahora en la creación, a pesar de ti mismo? ¿Te pondrás hoy sobre la plataforma en la que no permitirás que nada se interponga entre ti y la energía creadora de esa palabra –ningún período de tiempo, de la duración que sea?

Jesús dijo a cierta persona, "Tus pecados te son perdonados". ¿Cuánto tiempo tardó en cumplirse? –No pasó ninguna cantidad de tiempo entre la palabra "perdonados", y el hecho. Esa misma palabra te es comunicada a ti hoy. ¿Por qué dejarías pasar ningún tiempo entre esa palabra que se te declara, y su cumplimiento? Hace muy poco has convenido en que cualquiera que deja pasar un minuto, o siquiera un segundo, entre la declaración de la palabra de Dios y la realización del hecho, es un evolucionista. Y has dicho bien. Así es, no lo olvides. Ahora te pregunto, ¿por qué es que cuando te declara perdón dejas pasar días enteros antes que sea efectivo en ti, antes de que en ti se cumpla? Dijiste que el hombre antes referido es un evolucionista. Y tú, ¿qué eres, querría saber? ¿Dejarás de ser evolucionista, para ser creacionista?

Este día será de especial importancia para muchos de los aquí presentes, porque muchos decidirán hoy esa cuestión en uno u otro sentido. Si sales de aquí siendo evolucionista, estás en peligro. Se trata de un asunto de vida o muerte. Dijiste que la evolución es infidelidad, y es así; por lo tanto, si abandonas esta reunión siendo evolucionista, ¿cuál es tu posición?, ¿cuál será tu elección? Si sales de aquí sin el perdón de los pecados, eres evolucionista, ya que permites que el tiempo pase entre la declaración de la palabra y el cumplimiento del hecho.

A partir de lo expuesto, podéis ver que quien permite que pase cualquier cantidad de tiempo entre el pronunciamiento de la palabra y la realización del hecho, es evolucionista. La palabra de Dios para ti es, "Mujer, tus pecados te son perdonados", "Hombre, tus pecados te son perdonados". Pastor Corliss: '¿No dijo, tus pecados te serán perdonados?' No, por cierto. "Tus pecados te son perdonados". Tiempo verbal presente. Doy gracias a Dios de que así sea, ya que en la palabra "perdonados" está la energía creadora que quita todo pecado, haciendo al hombre una nueva criatura. Creo firmemente en la creación. ¿Y tú? ¿crees en la energía creadora contenida en la palabra "perdonado" que Dios te declara? ¿O bien eres evolucionista y dices, 'no veo cómo eso pueda ser así, indigno como soy'? 'He estado intentando hacer el bien, pero he fracasado muchas veces; he tenido muchos altos y bajos, y he estado bastantes más veces abajo que arriba'. Si eso es lo que dices, debes reconocerte evolucionista, porque en eso consiste la evolución.

Muchos han estado suspirando prolongadamente por un corazón limpio. Dicen: 'Creo en el perdón de los pecados y todo eso, y lo querría hacer mío si estuviese seguro de que puedo mantenerlo; pero hay tanta maldad en mi corazón, y tantas cosas que vencer, que no tengo ninguna seguridad". Pero entonces viene la palabra, "Crea en mí, oh Dios, un corazón limpio". El corazón limpio viene por creación, y sólo por creación. Y ésta es obrada por la palabra de Dios. Porque dice: "Os daré corazón nuevo, y pondré espíritu nuevo dentro de vosotros". ¿Eres ahora creacionista, o evolucionista? ¿Saldrás de esta casa con un corazón impío, o con un corazón nuevo, creado por la palabra de Dios, (la palabra que posee la energía creadora que hace nuevo el corazón)? Te declara un corazón nuevo. A todos habla exactamente de ese modo; si permites que pase el tiempo entre la palabra pronunciada y el corazón nuevo, estás siendo evolucionista. Cuando permites que cualquier fracción de tiempo se interponga entre la palabra pronunciada y su cumplimiento en tu experiencia, estás cediendo a la evolución.

Algunos de los que aquí están, han dicho: 'Sí, lo quiero. Voy a tenerlo. Creo que la palabra lo cumplirá, pero han alargado el tiempo hasta la próxima reunión, y así sucesivamente, dejando transcurrir los años; han sido tan evolucionistas como todo eso. "Mientras que muchos siguen preguntándose sobre los misterios de la fe y la piedad, habrían podido resolver el asunto si hubiesen proclamado, 'Yo sé que Jesucristo es mi porción eterna' ". El poder para obrar tal cosa está en la palabra de Dios; y cuando eso se acepta, allí está la energía creadora, produciendo lo que se ha declarado. De manera que podéis resolver todo el asunto del misterio de la fe y la piedad proclamando que sabéis que Cristo es vuestra porción eterna.

Hay un misterio en cómo Dios puede manifestarse en una carne pecaminosa tal como la tuya. Pero considera, la cuestión no es ahora el misterio en sí; la cuestión es, ¿Hay tal cosa como la creación? ¿Existe un Creador, capaz de crear en ti un corazón puro? ¿O bien todo es simplemente evolución? Desde ahora y hasta el fin del mundo, la cuestión para los adventistas debe ser, ¿crees en el Creador? Y si crees en el Creador, ¿de qué forma crea? –Por supuesto, respondes 'por la palabra de Dios'. Muy bien. Ahora, ¿crea cosas para ti, mediante esa palabra? ¿Eres creacionista para los otros evolucionistas, y evolucionista para los otros creacionistas? ¿Será eso posible? Otra cosa: La palabra dice, "Queda limpio". Cierto día dijo, "Sea la luz. Y fue la luz". Al leproso le dijo "Queda limpio", y "al instante" quedó limpio. Ahora te dice a ti, "Queda limpio". Y ¿Qué pasa? [Voz: 'Que es así']. Por el bien de tu alma, ponte bajo el influjo de la palabra creadora. Reconoce la energía creadora en la palabra de Dios que desde la Biblia llega a ti; porque esa palabra de Dios en la Biblia, es la misma para ti hoy que cuando llamó los mundos a la existencia, cuando hizo la luz allí donde sólo había tinieblas, y cuando curó al leproso. Esa palabra pronunciada hoy sobre ti, si la recibes, hace de ti una nueva criatura en Cristo Jesús; esa palabra, pronunciada en el caos y vacío de tu corazón, si la tomas, produce allí la luz de Dios; esa palabra que hoy te es declarada, aunque estés enfermo de la lepra del pecado, si la recibes, te limpia al instante. Acéptala. Recíbela.

¿Cómo seré limpio? –Por la energía creadora de esa palabra: "Queda limpio". Por lo tanto, está escrito: "Ya vosotros sois limpios, por la palabra que os he hablado" (Juan 15:3). ¿Lo seréis? ¿Serás un creacionista, desde este momento? ¿O seguirás evolucionista?

Observa qué gran bendición. Cuando lees la palabra, la recibes y meditas en ella, ¿Qué es para ti en todo momento? ¡Creación! La energía creadora obra en ti, produciendo las cosas pronunciadas por la palabra; y estás viviendo ante la presencia misma del poder creador. La creación actúa en tu vida. Dios crea en ti justicia, santidad, verdad, fidelidad –toda buena dádiva.

Cuando así suceda, tu observancia del sábado tendrá significado, ya que el sábado es un memorial de la creación, –la señal de que quien lo guarda conoce al Creador, y está familiarizado con el proceso de la creación. Pero tu observancia del sábado es un fraude en la medida en que eres evolucionista.

A menos que reconozcas diariamente la palabra de Dios como una energía creadora en tu vida, tu observancia del sábado es un fraude; ya que el sábado es un memorial de la creación. Es una "señal entre mí y vosotros, para que sepáis que yo soy Jehová vuestro Dios", el Creador de todas las cosas.

En el capítulo segundo de Efesios, versículos ocho al diez, leemos: "Porque por gracia sois salvos por la fe; y esto no de vosotros, pues es don de Dios: No por obras, para que nadie se gloríe. Porque somos hechura suya, criados en Cristo Jesús para buenas obras, las cuales Dios preparó para que anduviésemos en ellas".

No necesitas esperar ninguna buena obra que parta de ti mismo. Lo has estado intentando. El evolucionista intenta, y lo está intentando siempre, sin conseguirlo nunca. ¿Por qué continuar intentando hacer buenas obras, cuando sabes que fracasas? Escúchame: nunca habrá nada bueno en ti, de la clase que sea, desde ahora hasta el fin del mundo, si no es porque el Creador en persona lo cree allí por su palabra, que contiene en sí misma la energía creadora. No olvides eso. ¿Quieres andar en buenas obras cuando abandones este lugar? Eso sólo puede darse si eres creado en Cristo Jesús para esas buenas obras. Deja de intentarlo. Mira al Creador y recibe su palabra creadora. "La palabra de Cristo habite en vosotros en abundancia"; entonces aparecerán esas buenas obras; serás un cristiano. Entonces, debido a que vives con el Creador, y estás en presencia de la energía creadora, tendrás esa paz, esa grata quietud. Tendrás esa fuerza y crecimiento genuinos que corresponden a un cristiano.

Cuando te dice que "somos hechura suya, criados en Cristo Jesús para buenas obras, las cuales Dios preparó para que anduviésemos en ellas", reconoce ahí al Creador, –reconoce solamente las buenas obras que en ti son creadas, no considerando ninguna obra que no sea creada, ya que no hay nada bueno, aparte de lo que el Señor haya creado. Ahora eres creado de nuevo en Cristo Jesús. Él lo corrobora. Dale las gracias porque es así. ¡No irás a ser evolucionista esta vez! Se trata de tiempo verbal presente, "somos hechura suya", somos creados en Cristo Jesús para buenas obras. ¿Lo eres tú? La palabra es pronunciada. Es la palabra creadora. ¿Cuánto tiempo permitirás que pase entre la palabra de Dios y el que tú seas creado de nuevo? En relación a la creación del Génesis, has dicho que aquel que admite siquiera un minuto entre la palabra y el hecho, es un evolucionista. ¿Qué serás, con respecto a esa palabra de Dios que crea al hombre en Cristo Jesús, para buenas obras? ¿Serás aquí evolucionista? Seamos todos creacionistas.

¿Comprendes que de esa manera no va a requerir un largo, tedioso y agotador proceso el que estés preparado para recibir al Señor en su gloria? Muchos están mirando a ellos mismos. Saben que, de forma natural, el que estén plenamente preparados para recibirlo, les va a ocupar un larguísimo tiempo. En realidad, si es mediante evolución, no llegará nunca. Pero si es mediante la creación, será obrado de forma rápida y segura. Esa palabra que antes he mencionado, es la palabra que cada uno puede aquí aplicarse a sí mismo: "Mientras que muchos siguen preguntándose sobre los misterios de la fe y la piedad, habrían podido resolver el asunto si hubieran proclamado, 'Yo sé que Jesucristo es mi porción eterna' ".

¿Comprendéis cuán evolucionistas hemos sido? ¿Dejaremos de serlo? Vengamos ahora, seamos creacionistas y rompamos con lo anterior. Seamos verdaderos guardadores del sábado. Creamos al Señor. Él pronuncia perdón. Declara un corazón limpio. Declara santidad, la crea. Permítele que la cree en ti. Abandona la evolución y permite que esa fuerza creadora obre en ti, esa energía que la palabra declara; y antes de dejar esta reunión, Dios puede haberte preparado para encontrarte con Él. Efectivamente, en ese mismo proceso te encuentras con Él. Y cuando se haya producido el encuentro, y se produzca cada día, ¿no estás preparado para venir al encuentro de tu Dios? ¿Lo crees así? Crees que hizo los mundos cuando habló, que la luz fue hecha por su palabra, y que el leproso fue limpio "al instante" cuando Jesús habló; pero en cuanto a ti, crees que tiene que pasar un considerable lapso de tiempo entre la declaración de la palabra y el cumplimiento del hecho. ¡Oh! ¿Por qué habrías de ser evolucionista? Creación, creación. –De eso se trata.

Vosotros y yo tenemos que invitar a la gente a la cena; tenemos que decirles, "Venid, que ya está todo listo" ¿Cómo podré llamar a un hombre diciéndole que ya está todo listo, si yo mismo no estoy listo? Es comenzar en falso. Mis palabras no lo conmoverán: no son más que un sonido hueco. Pero ¡Ah!, cuando en ese llamamiento está la energía creadora de la palabra que nos ha hecho estar listos, que nos ha limpiado de todo pecado, que nos ha creado para buenas obras, que nos sustenta como es sustentado el sol en la órbita que Dios le señala –entonces marchamos con decisión, y decimos al mundo que yace en maldad, "Venid, que ya está todo listo", y entonces nos oirá. En el llamado distinguirán los atractivos tonos de la voz del Buen Pastor, y se sentirán impulsados a acudir a Él para recibir esa energía creadora en su favor, a fin de ser hechos nuevas criaturas, y estar preparados para la cena a la que han sido llamados.

Ahí es donde estamos en la historia de este mundo. Estamos a punto de recibir el sello de Dios. Pero recordad, Él no pondrá nunca su sello sobre quien no haya sido purificado de toda contaminación. Dios no pondrá su sello sobre nada que no sea verdadero, que no sea bueno. ¿Le pedirás que ponga su sello de justicia sobre lo que no es más que injusticia? No pretenderás cosa semejante. Sabes que es demasiado recto como para hacer eso. Por lo tanto, debe limpiarte, a fin de poder poner su sello sobre su propia obra. Dios no puede poner su sello sobre tu obra. Su sello pertenece solamente a un documento aprobado por Él mismo. Permítele que escriba su carácter en tu corazón, y entonces podrá poner allí su sello; puede poner su sello de aprobación sobre tu corazón, solamente cuando su palabra creadora ha cumplido su propósito en tu corazón.

¿Podéis apreciar en presencia de Quién estamos? Ved lo infinito e inagotable que es un tema como este. Pero sobre todo, cuando terminemos, que nos encontremos ante la creación. Abandonemos ya la evolución. Que no pase ni un solo instante entre la palabra de Dios a ti declarada, y su cumplimiento en ti. Así, viviendo en presencia de la creación, andando junto al Creador, elevados por el poder creador, inspirados por la energía creadora, –con un pueblo como ese, Dios puede mover el mundo en muy poco tiempo.

Si al principio os ha parecido que era un tema más bien extraño para una ocasión como ésta [se trataba de la clausura de una semana de oración], podéis ahora ver que es pura verdad para hoy. Sólo hay dos caminos. No existe el terreno neutral. Todo hombre y mujer en el mundo, o bien es creacionista, o bien evolucionista. La evolución es infidelidad, es muerte. La creación es cristianismo, es vida. Escoge la creación, el cristianismo y la Vida, para que puedas vivir. Adhirámonos a la creación solamente, y por siempre. Y que todos puedan decir 'Amén'.

Review and Herald, 21, 28; 7 Mar. 1899

Capítulo 5—La Fe que Salva

Ellet J. Waggoner

"Mas la justicia que es por la fe dice así: No digas en tu corazón: ¿Quién subirá al cielo? (esto es, para traer abajo a Cristo): O, ¿quién descenderá al abismo? (esto es, para volver a traer a Cristo de los muertos). Mas ¿qué dice? Cercana está la palabra, en tu boca y en tu corazón. Esta es la palabra de fe, la cual predicamos: Que si confesares con tu boca al Señor Jesús, y creyeres en tu corazón que Dios le levantó de los muertos, serás salvo" (Rom. 10:6-9).

¿Podemos aceptar esas palabras, especialmente la afirmación de la última frase, como literalmente verdaderas? ¿No será peligroso si lo hacemos? ¿Acaso la salvación no requiere algo más que la fe en Cristo? A la primera pregunta respondemos: Sí. Y a las otras dos, No; y nos referimos a las Escrituras para corroborarlo. Una afirmación tan categórica como la comentada, no puede ser sino literalmente cierta, y merecedora de toda la confianza del tembloroso pecador.

A modo de evidencia, considérese el caso del carcelero de Filipos. Pablo y Silas, tras haber sido tratados de forma inhumana, fueron puestos a su cuidado. A pesar de sus dorsos sangrantes y de sus pies esposados, oraban y cantaban alabanzas a Dios en medio de la noche, cuando súbitamente, un terremoto sacudió la prisión y se abrieron todas las puertas. Lo que hizo temblar al carcelero no fue solamente el miedo natural de sentir cómo cedía la tierra bajo sus pies, ni siquiera el temor a la justicia romana si escapaban los prisioneros a su cargo. En aquel terremoto sintió una premonición del gran día del juicio con respecto al que los apóstoles habían predicado; y, temblando bajo su carga de culpa, se postró ante Pablo y Silas, diciendo, "Señores, ¿qué es menester que yo haga para ser salvo?" Observad bien la respuesta, porque aquí nos encontramos ante un alma en situación de extrema necesidad, y lo que fue adecuado para él debe ser el mensaje para todos los perdidos. A ese angustioso clamor del carcelero, respondió Pablo, "Cree en el Señor Jesucristo, y serás salvo tú, y tu casa" (Hech. 16:30,31). Eso concuerda perfectamente con las palabras de Pablo en Romanos, citadas con anterioridad.

Los judíos dijeron cierto día a Jesús, "¿Qué haremos para que obremos las obras de Dios?" Es precisamente lo que nos estamos preguntando. Obsérvese la respuesta: "Esta es la obra de Dios, que creáis en el que Él ha enviado" (Juan 6:28,29). Esas palabras deberían estar escritas con letras de oro, y debieran estar continuamente presentes en el cristiano que lucha. Se aclara la aparente paradoja. Las obras son necesarias; sin embargo, la fe es totalmente suficiente, ya que la fe realiza la obra. La fe lo abarca todo, y sin fe no hay nada.

El problema es que, en general, se tiene una concepción errónea de la fe. Muchos imaginan que es un mero asentimiento, y que es solamente algo pasivo, a lo que hay que añadir las obras activas.

Sin embargo, la fe es activa, y no es solamente lo principal, sino el único fundamento real. La ley es la justicia de Dios (Isa. 51:6,7), aquella que se nos amonesta a buscar (Mat. 6:33); pero no es posible guardarla si no es por fe, porque la única justicia que resistirá en el juicio es "la que es por la fe de Cristo, la justicia que es de Dios por la fe" (Fil. 3:9).

Leed las palabras de Pablo en Romanos 3:31: "¿Luego deshacemos la ley por la fe? En ninguna manera; antes establecemos la ley". El que el hombre deshaga la ley, no significa la abolición de la ley, ya que tal cosa es una imposibilidad. Es tan permanente como el trono de Dios. Por más que el hombre diga esto o aquello sobre la ley, y por más que la pisotee y desprecie, la ley continúa inamovible. La única manera en la que el hombre puede deshacer la ley es dejándola sin efecto en su corazón, mediante su desobediencia. Así, en Números 30:14,15, de un voto que ha sido quebrantado, se dice que está anulado o deshecho. De manera que, cuando el apóstol dice que no deshacemos la ley por la fe, significa que la fe y la desobediencia son incompatibles. Poco importa la profesión de fe que pretenda aquel que quebranta la ley, el hecho de que sea un transgresor de la ley denuncia su ausencia de fe. Por el contrario, la posesión de la fe se demuestra por el establecimiento de la ley en el corazón, de forma que el hombre no peca contra Dios. Que nadie infravalore la fe, ni por un instante.

Pero ¿no dice el apóstol Santiago que la fe sola no puede salvar a nadie, y que la fe sin obras es muerta? Consideremos brevemente sus palabras. Demasiados las han convertido, aunque sin mala intención, en legalismo mortal. La afirmación es que la fe sin obras es muerta, lo que concuerda plenamente con lo dicho anteriormente. Si la fe sin obras es muerta, es porque la ausencia de obras revela la ausencia de fe; lo que está muerto no tiene existencia. Si el hombre tiene fe, las obras apare-cerán necesariamente, y él no se jactará de la una ni de las otras; ya que la fe excluye la jactancia (Rom. 3:27). La jactancia se manifiesta solamente entre aquellos que confían en las obras muertas, o entre aquellos cuya profesión de fe es una burla vacía.

¿Qué hay, pues, de Santiago 2:14, que dice: "Hermanos míos, ¿qué aprovechará si alguno dice que tiene fe, y no tiene obras? ¿Podrá la fe salvarle?". La respuesta implícita es, naturalmente, que no podrá. ¿Por qué no podrá salvarle la fe? Porque no la tiene. ¿De qué aprovecha si un hombre dice que tiene fe, mientras que por su malvado curso de acción demuestra que no la tiene? Pablo habla a quienes profesan conocer a Dios, mientras que lo niegan con los hechos (Tito 1:16). El hombre al que se refiere Santiago pertenece a esta clase. El que no tenga buenas obras –o frutos del Espíritu–, muestra que no tiene fe, a pesar de su ruidosa profesión; de forma que la fe, efectivamente, no puede salvarlo; porque la fe no tiene poder para salvar a aquel que no la posee.

Bible Echo, 1 agosto 1890

Capítulo 6—El Fin de la Ley es Cristo

Ellet J. Waggoner

En Romanos 10:4, leemos: "Porque el fin de la ley es Cristo, para justicia a todo aquel que cree". Antes de analizar lo que el texto quiere decir, consideraremos brevemente lo que el texto no quiere decir. No significa que Cristo ha puesto fin a la ley, ya que (1) Cristo mismo dijo, a propósito de la ley, "no he venido para abrogar" (Mat. 5:17). (2) El profeta dijo que, lejos de abolirla, "Jehová se complació por amor de su justicia en magnificar la ley y engrandecerla" (Isa. 42:21). (3) La ley estaba en el propio corazón de Cristo: "Entonces dije: He aquí, vengo; En el envoltorio del libro está escrito de mí. El hacer tu voluntad, Dios mío, hame agradado, y tu ley está en medio de mis entrañas" (Sal. 40:7,8). Y (4) puesto que la ley es la justicia de Dios, el fundamento de su gobierno, su abolición es una imposibilidad absoluta (ver Luc. 16:17).

Sin duda el lector sabe que la palabra "fin" no significa necesariamente "terminación". Se la emplea frecuentemente con el sentido de designio, finalidad, objeto o propósito. En 1ª de Timoteo 1:5, el mismo autor dijo: "El fin del mandamiento es la caridad nacida de corazón limpio, y de buena conciencia, y de fe no fingida". El término "caridad" que aparece aquí, se traduce mejor por "amor", tal como reflejan las versiones [Reina Valera] más recientes. En 1ª de Juan 5:3 leemos: "Este es el amor de Dios, que guardemos sus mandamientos"; y el mismo Pablo afirma que "el amor es el cumplimiento de la ley" (Rom. 13:10). En ambos textos se emplea la misma palabra agape que encontramos en 1ª de Timoteo 1:5. Por lo tanto, el texto significa que el propósito del mandamiento (o ley) es que fuese obedecido. Es de todo punto evidente.

Pero ese no es el objetivo último de la ley. En el versículo siguiente al que estamos considerando, Pablo cita a Moisés, quien afirmó "que el hombre que hiciere estas cosas, vivirá por ellas". Cristo dijo al joven rico, "si quieres entrar en la vida, guarda los mandamientos" (Mat. 19:17). Ahora, puesto que el designio de la ley era que fuese obedecida, o, dicho de otro modo, que produjese caracteres rectos, y siendo que la promesa era que los obedientes vivirían, podemos concluir que el propósito último de la ley era dar vida. Pablo resume lo anterior en sus palabras, "el mismo Mandamiento, destinado a dar vida..." (Rom. 7:10).

Pero, "por cuanto todos pecaron, y están destituidos de la gloria de Dios", y por cuanto "la paga del pecado es muerte", resulta imposible que la ley cumpla su propósito de producir caracteres perfectos y de dar vida en consecuencia. Cuando un hombre quebrantó ya la ley, ninguna obediencia subsecuente puede hacer jamás perfecto su carácter, de manera que la ley que había sido destinada a dar vida, resultó ser mortal (Rom. 7:10).

Si nos detuviésemos aquí, ante la imposibilidad de la ley para cumplir su propósito, dejaríamos a todo el mundo bajo la condenación y sentencia de muerte. Pero vemos que Cristo asegura al hombre, tanto la justicia como la vida. Leemos, "siendo justificados gratuitamente por su gracia, por la redención que es en Cristo Jesús" (Rom. 3:24). "Justificados pues por la fe, tenemos paz para con Dios por medio de nuestro Señor Jesucristo" (Rom. 5:1). Más que eso, nos capacita para obedecer la ley, "Al que no conoció pecado, hizo pecado por nosotros, para que nosotros fuésemos hechos justicia de Dios en Él" (2 Cor. 5:21). Por lo tanto, para nosotros es posible el ser hechos perfectos en Cristo –la justicia de Dios–, y eso es precisamente lo que habríamos sido, en el caso de que hubiésemos mantenido una obediencia constante e inquebrantable a la ley.

Leemos: "Ahora pues, ninguna condenación hay para los que están en Cristo Jesús, los que no andan conforme a la carne, mas conforme al Espíritu… porque lo que era imposible a la ley, por cuanto era débil por la carne, Dios enviando a su Hijo en semejanza de carne de pecado, y a causa del pecado, condenó al pecado en la carne; para que la justicia de la ley fuese cumplida en nosotros, que no andamos conforma a la carne, mas conforme al Espíritu" (Rom. 8:1-4).

¿Qué es lo que era imposible a la ley? –No podía liberar de la condenación ni a una sola alma culpable. ¿Por qué no? –Por cuanto era débil por la carne. No es que la debilidad esté en la ley: está en la carne. No es que haya un defecto en la herramienta, que impida la construcción de la estructura. La ley no podía limpiar el registro pasado de un hombre, y hacerlo impecable; y el hombre caído y desvalido no tenía la fuerza para apoyarse en su carne a fin de poder guardar la ley. De manera que Dios imputa a los creyentes la justicia de Cristo, que fue hecho en semejanza de carne de pecado, "para que la justicia de la ley fuese cumplida" en sus vidas. Y así, el fin de la ley es Cristo.

Diremos, concluyendo, que el designio de la ley era dar vida, al ser obedecida. Todos los hombres han pecado, y fueron sentenciados a muerte. Pero Cristo tomó sobre sí mismo la naturaleza humana, e im-partirá su propia justicia a quienes acepten su sacrificio, y finalmente cuando vienen a ser, por medio de Él, hacedores de la ley, entonces cumplirá en ellos su propósito último, coronándolos de vida eterna. Y así repetimos aquello que nunca apreciaremos demasiado, que Cristo Jesús nos ha sido hecho por Dios "sabiduría, y justificación, y santificación, y redención".

Bible Echo, 15 febrero 1892

Capítulo 7—Vida Abundante

Ellet J. Waggoner

"En Él estaba la vida, y la vida era la luz de los hombres. Y la luz en las tinieblas resplandece; mas las tinieblas no la comprendieron" (Juan 1:4,5). Una traducción más correcta es: "mas las tinieblas no pudieron apagarla", que provee gran ánimo al creyente. Veamos en qué consiste.

CRISTO es la luz del mundo. Ver Juan 8:12. Pero esa luz es su vida, tal como indica el texto introductorio. Nos dice: "Yo soy la luz del mundo: el que me sigue, no andará en tinieblas, mas tendrá la lumbre de la vida". El mundo entero estaba sumido en las tinieblas del pecado. Tal oscuridad era consecuencia de una falta del conocimiento de DIOS; como dijo el apóstol Pablo de aquellos otros gentiles, que "teniendo el entendimiento entenebrecido, ajenos de la vida de DIOS por la ignorancia que en ellos hay, por la dureza de su corazón" (Efe. 4:18).

Satán, el gobernante de las tinieblas de este mundo, había hecho todo lo posible para engañar al hombre en cuanto al verdadero carácter de DIOS. Había hecho creer al mundo que DIOS era como el hombre: cruel, vengador, dado a la pasión. Hasta los judíos, el pueblo que DIOS había elegido para ser el portavoz de su luz al mundo, se habían apartado de DIOS, y si bien profesaban estar separados de los paganos, se vieron envueltos en las tinieblas del paganismo. Entonces vino Cristo, y "el pueblo asentado en tinieblas vio gran luz; y a los sentados en región y sombra de muerte, luz les esclareció" (Mat. 4:16). Su nombre fue EMMANUEL, Dios con nosotros. "DIOS estaba en CRISTO". DIOS desmintió las falsedades de Satanás, no mediante argumentos dialécticos, sino simplemente viviendo su vida entre los hombres, de manera que todos pudieran verla.

La vida que CRISTO vivió no tuvo ni una mancha de pecado. Satanás ejerció sus artes poderosas, sin embargo, no pudo afectar a esa vida impecable. Su luz brilló siempre con fulgor perenne. Debido a que Satanás no pudo manchar su vida con la más leve sombra de pecado, no pudo arrebatarlo con su poder, el del sepulcro. Nadie pudo tomar la vida de CRISTO de sí; Él la ofreció voluntariamente. Y por la misma razón, tras haberla depuesto, Satanás no pudo evitar que Él la tomase de nuevo. Jesús dijo: "Yo pongo mi vida, para volverla a tomar. Nadie me la quita, más yo la pongo de mí mismo. Tengo poder para ponerla y tengo poder para volverla a tomar. Este mandamiento recibí de mi PADRE" (Juan 10:17,18). Al mismo efecto van dirigidas las palabras del apóstol Pedro, relativas a CRISTO: "Al cual Dios levantó, sueltos los dolores de la muerte, por cuanto era imposible ser detenido de ella" (Hech. 2:24). Quedó así demostrado el derecho del SEÑOR JESUCRISTO a ser hecho sumo sacerdote "según la virtud de vida indisoluble" (Heb. 7:16).

Esa vida infinita, inmaculada, CRISTO la da a todo el que cree en Él. "Como le has dado la potestad de toda carne, para que dé vida eterna a todos los que le diste. Esta empero es la vida eterna: que te conozcan el solo DIOS verdadero, y a JESUCRISTO, al cual has enviado" (Juan 17:2,3). CRISTO mora en los corazones de todos aquellos que creen en Él. "Con CRISTO estoy juntamente crucificado, y vivo, no ya yo, mas vive CRISTO en mí: y lo que ahora vivo en la carne, lo vivo en la fe del HIJO de DIOS, el cual me amó, y se entregó a sí mismo por mí" (Gál. 2:20). Ver también Efesios 3:16,17.

CRISTO –la luz del mundo– al morar en los corazones de sus seguidores, los constituye en la luz del mundo. Su luz no proviene de ellos mismos, sino de CRISTO que mora en ellos. Su vida no viene de ellos mismos; sino que es la vida de CRISTO manifestada en su carne mortal. Ver 2ª de Corintios 4:11. En eso consiste vivir una "vida cristiana".

Esta luz viviente que viene de DIOS, fluye en un caudal ininterrumpido. El salmista exclama: "Porque contigo está el manantial de la vida: en tu luz veremos la luz" (Sal. 36:9). "Después me mostró un río limpio de agua de vida, resplandeciente como cristal, que salía del trono de DIOS y del CORDERO" (Apoc. 22:1). "Y el Espíritu y la Esposa dicen: Ven. Y el que oye diga: Ven. Y el que tiene sed, venga: y el que quiere, tome del agua de la vida de balde" (Apoc. 22:17).

"Y Jesús les dijo: De cierto, de cierto os digo: Si no comiereis la carne del HIJO del hombre, y bebiereis su sangre, no tendréis vida en vosotros. 66El que come mi carne y bebe mi sangre, tiene vida eterna: y yo le resucitaré en el día postrero" (Juan 6:53,54). Esa vida de CRISTO la comemos y bebemos al sentarnos a la mesa de su PALABRA, ya que añade, "El Espíritu es el que da vida; la carne nada aprovecha: las palabras que yo os he hablado, son espíritu, y son vida" (vers. 63). CRISTO mora en su Palabra inspirada, y a través de ella obtenemos su vida. Esa vida es dada gratuitamente a todo aquel que la recibe, como acabamos de leer; y leemos que Jesús se puso en pie y clamó, diciendo: "Si alguno tiene sed, venga a mí y beba" (Juan 7:37).

Esa vida es la luz del cristiano, y es lo que le hace ser una luz para otros. Es su vida; y la bendita seguridad para él, de que no importa a través de cuán densas tinieblas tenga que pasar, no tendrán poder para apagar esa luz. La luz de la vida es suya, por tanto tiempo como ejerza la fe, y las tinieblas no pueden afectarle. Por lo tanto, que todo aquel que profesa el nombre del SEÑOR cobre ánimo, diciendo: "Tú, enemiga mía, no te huelgues de mí, porque aunque caí, he de levantarme; aunque more en tinieblas, Jehová será mi luz" (Miq. 7:8).

Bible Echo, 15 octubre 1892

Capítulo 8—Fe

Ellet J. Waggoner

"Todo lo que no es de fe, es pecado"

(Rom. 14:23).

Es por eso que "justificados –hechos justos– pues por la fe, tenemos paz para con Dios por medio de nuestro Señor Jesucristo" (Rom. 5:1).

Es la fe, y no las obras, aquello mediante lo cual el hombre es salvo. "Porque por gracia sois salvos por la fe; y esto no de vosotros, pues es don de Dios: No por obras, para que nadie se gloríe" (Efe. 2:8,9).

"¿Dónde pues está la jactancia? Es excluida. ¿Por cuál ley? ¿de las obras? No; mas por la ley de la fe. Así que, concluimos que el hombre es justificado por fe sin las obras de la ley" (Rom. 3:27,28).

El evangelio excluye la jactancia, y ésta es la consecuencia natural de todo intento de justificación por las obras; sin embargo, el evangelio no excluye las obras. Todo lo contrario, las obras –las buenas obras– son el gran objetivo del evangelio. "Porque somos hechura suya, criados en Cristo Jesús para buenas obras, las cuales Dios preparó para que anduviésemos en ellas" (Efe. 2:10).

No hay aquí la más mínima contradicción. La distinción está entre nuestras obras y las obras de Dios. Nuestras obras son siempre deficientes; las obras de Dios son siempre perfectas; por lo tanto, a fin de ser perfectos, son las obras de Dios las que necesitamos. Pero nosotros no somos capaces de hacer las obras de Dios, ya que Él es infinito, y nosotros no somos nada. El que alguien pueda creerse capaz de hacer las obras de Dios significa la mayor presunción imaginable. Sonreímos cuando un niño de cinco años imagina que puede hacer el trabajo de su padre. ¡Cuánto más insensato para el insignificante ser humano, el que piense que puede hacer las obras del Todopoderoso!

La bondad no es algo abstracto; es acción, y la acción es exclusiva de los seres vivos. Y puesto que sólo Dios es bueno, son solamente sus obras las que tienen valor. El hombre que tiene las obras de Dios es el único que es justo. Pero puesto que ningún hombre puede hacer las 68obras de Dios, se deduce necesariamente que Dios nos las debe dar, si es que hemos de ser salvos. Y eso es precisamente lo que hace por todo aquel que cree.

Cuando los judíos, en su suficiencia, preguntaron, "¿Qué haremos para que obremos las obras de Dios?" Jesús respondió, "Esta es la obra de Dios, que creáis en el que Él ha enviado" (Juan 6:28,29). La fe obra (Gál. 5:6; 1 Tes. 1:3). Trae las obras de Dios al creyente, puesto que trae a Cristo al corazón (Efe. 3:17), y en Él está toda la plenitud de Dios (Col. 2:9). "Jesucristo es el mismo ayer, y hoy, y por los siglos" (Heb. 13:8), por lo tanto, Dios no sólo estaba, sino que está en Cristo, reconciliando el mundo a sí. Si Cristo mora en el corazón por la fe, las obras de Dios serán manifestadas en la vida; "Porque Dios es el que en vosotros obra así el querer como el hacer, por su buena voluntad" (Fil. 2:13).

¿Cómo sucede tal cosa? No está a nuestro alcance el comprenderlo. No necesitamos saber el mecanismo por el que así ocurre, puesto que no somos nosotros quienes lo debemos realizar. Nos basta con el hecho. No podemos comprender cómo es que Dios hace en nosotros sus obras, más de lo que podríamos realizarlas por nosotros mismos. Así, la vida del cristiano es siempre un misterio, incluso para el propio cristiano. Es una vida escondida con Cristo en Dios (Col. 3:3). Está escondida incluso de la propia vista del cristiano. Cristo en el hombre, la esperanza de gloria, es el misterio del evangelio (Col. 1:27).

En Cristo somos creados para buenas obras que Dios preparó de antemano para nosotros. Debemos simplemente aceptarlas por la fe. La aceptación de esas buenas obras es la aceptación de Cristo. ¿Cuán "de antemano" preparó Dios esas buenas obras para nosotros? "Acabadas las obras desde el principio del mundo. Porque en un cierto lugar dijo así del séptimo día: Y reposó Dios de todas sus obras en el séptimo día. Y otra vez aquí: [los incrédulos] no entrarán en mi reposo" (Heb. 4:3-5). "Empero entramos en el reposo los que hemos creído" (Id.).

Por lo tanto, el sábado –el séptimo día de la semana– es el reposo de Dios. Dios dio el sábado como una señal por medio de la cual el hombre pudiera saber que Él es Dios, y que es Él quien santifica (Eze. 20:12,20).

La observancia del sábado no tiene absolutamente nada que ver con la justificación por las obras, sino que muy al contrario, es la marca y sello de la justificación por la fe; es la señal de que el hombre desecha sus propias obras pecaminosas y acepta las obras perfectas de Dios. Debido a que el sábado no es una obra, sino un reposo, es la señal de nuestro reposo en Dios, por la fe en nuestro Señor Jesucristo.

Ningún otro día de la semana que no sea el séptimo, puede ser la señal del perfecto reposo en Dios, ya que solamente en ese día reposó Dios de todas sus obras. Es el descanso del séptimo día, en el que declara que los incrédulos no pueden entrar. Sólo ese, de entre los días de la semana, es el día de reposo, y está inseparablemente relacionado con la perfecta obra de Dios.

En los otros seis días, incluyendo el primero, Dios obró. En ellos podemos y debemos también nosotros hacer lo mismo. Sin embargo, en cada uno de ellos, podemos y debemos también descansar en Dios. Tal será el caso si nuestras obras "son hechas en Dios" (Juan 3:21). Así, el hombre debe descansar en Dios cada día de la semana, pero solamente el séptimo día puede ser el sello de ese reposo.

Hay dos cosas que cabe destacar, como conclusiones evidentes de las verdades ya consideradas. Una es que apartar otro día diferente del sábado, como señal de aceptación de Cristo y de reposo en Dios, a través de Él, constituye en realidad una señal de rechazo hacia Él. Puesto que tal cosa significa la sustitución del camino de Dios por el del hombre, significa en realidad la señal de la asunción de superioridad del hombre con respecto a Dios, y de la noción de que el hombre puede salvarse a sí mismo por sus propias obras. No todos los que observan un día diferente del sábado lo hacen con una conciencia tal, desde luego. Hay muchos que aman sinceramente al Señor, que lo aceptan humildemente, y que no obstante observan otro día diferente al que Dios ha dado como el sello del reposo en Él. Es porque, sencillamente, todavía no han aprendido la expresión plena y cabal de la fe. Pero su sinceridad, y el hecho de que Dios acepta su fe no fingida, no cambia el hecho de que el día que ellos observan es el símbolo de la exaltación del hombre por encima de Dios. Cuando oigan la advertencia misericordiosa de Dios, abandonarán el símbolo de la apostasía como lo harían con un pozo de agua, al saberlo contaminado.

El otro punto es que a nadie se puede forzar a guardar el sábado, en tanto en cuanto es una señal de la fe, y nadie puede ser forzado a creer. La fe viene espontáneamente como resultado de oír la palabra de Dios. Nadie puede ni siquiera forzarse a sí mismo a creer, y todavía menos forzar a algún otro. Violentando a un hombre, puede dejarse llevar del temor hasta el punto de hacerle decir que cree, y que actúe como si creyera. Es decir, el hombre que teme al hombre más bien que a Dios, puede ser forzado a mentir. Pero "ninguna mentira procede de la verdad". Por lo tanto, puesto que el sábado es la señal de la perfecta fe, es la señal de la perfecta libertad –"la libertad gloriosa de los hijos de Dios"– la libertad que da el Espíritu; ya que el sábado, como parte de la ley de Dios, es espiritual. Y así, finalmente, que nadie se engañe a sí mismo pensando que la observancia exterior de ni siquiera el día de reposo señalado por Dios –el séptimo día– sin fe y confianza en la palabra de Dios solamente, significa guardar el sábado de Dios. Porque "todo lo que no es de fe, es pecado".

Bible Echo, 17 agosto 1896

Capítulo 9—Gracia sin Medida y sin Precio

Alonzo T. Jones

"Empero a cada uno de nosotros es dada la gracia conforme a la medida del don de Cristo"

(Efe. 4:7).

La medida del don de Cristo es "toda la plenitud de la divinidad corporalmente". Eso es cierto, tanto si se considera desde el punto de vista del don que Dios hizo al dar a Cristo, como de la medida del don de Cristo, al darse a sí mismo. El don de Dios fue su Hijo unigénito, y "en Él habitaba toda la plenitud de la divinidad corporalmente". Por lo tanto, puesto que la medida del don de Cristo es la medida de la plenitud de la divinidad corporalmente, y dado que esa es la medida de la gracia que nos es dada a cada uno de nosotros, se deduce que a cada uno se nos da gracia sin medida, gracia ilimitada.

Desde el punto de vista de la medida del don por el que Cristo se nos da a nosotros, sucede lo mismo; "Se dio a sí mismo por nosotros", se dio por nuestros pecados, y en ello, se dio a sí mismo a nosotros. Puesto que en Él habitaba toda la plenitud de la divinidad corporalmente, y puesto que se dio a sí mismo, concluimos que la medida del don de Cristo, en lo que a Él respecta, no es otra cosa que la plenitud de la divinidad corporalmente. La medida, pues, de la gracia que se nos da a cada uno, es la medida de la plenitud de su divinidad. Sencillamente, inconmensurable.

Se mire como se mire, la clara palabra del Señor es que a cada uno de nosotros es dada la gracia según la medida de la plenitud de la divinidad corporalmente; es decir, gracia sin medida, sin límites: toda su gracia. Eso es bueno. Es cosa del Señor, es propio de Él, ya que Él es bueno.

Toda esa gracia ilimitada se nos da enteramente de forma gratuita "a cada uno de nosotros". A todos, a ti y a mí, tal como somos. Todo eso es bueno. Necesitamos precisamente toda esa gracia a fin de ser hechos lo que el Señor quiere que seamos. Y Él es tan condescendiente como para dárnoslo todo gratuitamente, para que verdaderamente podamos ser lo que Él quiere.

El Señor quiere que cada uno de nosotros seamos salvos, plenamente salvos. Y con ese fin nos ha dado la misma plenitud de la gracia, ya que es la gracia la que trae la salvación. Está escrito, "la gracia de Dios que trae salvación a todos los hombres, se manifestó" (Tito 2:11). Así, el Señor quiere que todos sean salvos, por lo tanto dio toda su gracia, trayendo salvación a todos los hombres. Toda la gracia de Dios se da gratuitamente a cada uno, trayendo salvación a todos los hombres. El que la reciban todos, o solamente algunos, es otra cuestión. Lo que ahora estamos considerando es la verdad y el hecho de que Dios la ha dado. Habiéndolo dado todo, no queda ninguna duda, aun siendo cierto que el hombre pueda rechazarlo.

El Señor quiere que seamos perfectos, y así está escrito: "Sed, pues, vosotros perfectos, como vuestro Padre que está en los cielos es perfecto". Deseando que seamos perfectos, nos ha dado a cada uno toda su gracia, trayendo la plenitud de su salvación a fin de presentar a todo hombre perfecto en Cristo Jesús. El auténtico propósito de ese don de su gracia infinita es que podamos ser hechos semejantes a Jesús, quien es la imagen de Dios. Así pues, leemos: "A cada uno de nosotros es dada la gracia conforme a la medida del don de Cristo… para perfección de los santos… hasta que todos lleguemos a la unidad de la fe y del conocimiento del Hijo de Dios, a un varón perfecto, a la medida de la edad de la plenitud de Cristo".

¿Quieres ser semejante a Jesús? Recibe la gracia tan plena y libremente dada. Recíbela en la medida en que Dios la ha dado, no en la medida en la que tú piensas que la mereces. Entrégate a ella, a fin de que pueda obrar por ti, y en ti, el asombroso propósito para el que ha sido dada, y así sucederá. Te hará semejante a Jesús. Cumplirá el propósito y la voluntad de Aquel que la dio. "Entregaos a Dios". "Que no recibáis en vano la gracia de Dios".

Review and Herald, 17 abril 1894

Capítulo 10—¿Gracia o Pecado?

Alonzo T. Jones

Nunca insistiremos demasiado en que bajo el reino de la gracia es tan fácil hacer el bien, como bajo el reino del pecado es hacer el mal. Tiene que ser así; ya que si en la gracia no hay más poder que en el pecado, no puede haber salvación del pecado. Pero la hay, ninguno que crea en Cristo puede negarlo.

La salvación del pecado depende de que haya más poder en la gracia que en el pecado. Siendo así, allí donde sea el poder de la gracia el que tenga el control, será tan fácil la práctica del bien, como lo es la del mal en ausencia de ésta.

Ningún hombre encontró difícil hacer el mal, de forma natural. Su gran dificultad ha sido siempre hacer el bien. Eso es así porque de forma natural el hombre es esclavo de un poder –el poder del pecado–, que es absoluto en su reino. Y por tanto tiempo como ese poder gobierne es, no ya difícil, sino imposible hacer el bien que sabe y desea. Pero permítase que gobierne un poder superior a ese, y entonces ¿no está claro que será tan fácil servir a la voluntad del poder superior, cuando este gobierna, como lo fue el servir a la voluntad del otro poder, cuando reinaba?

Pero la gracia no es simplemente más poderosa que el pecado. Si eso fuese realmente todo lo que hay, incluso sólo con eso habría ya esperanza plena y ánimo para todo pecador en el mundo. Pero eso, por bueno que sea, no lo es todo; hay más: Hay mucho más poder en la gracia del que hay en el pecado. "Donde se agrandó el pecado, tanto más sobreabundó la gracia". Y de la misma forma en que hay mucho más poder en la gracia que en el pecado, así también sobreabunda la esperanza y el ánimo para todo pecador en el mundo.

Entonces, ¿cuánto más poder hay en la gracia que en el pecado? Permíteme que piense un momento. Permíteme que me haga un par de preguntas. ¿De dónde viene la gracia? –de Dios: "Gracia y paz de Dios nuestro Padre, y del Señor Jesucristo". ¿De dónde procede el pecado? –del diablo, desde luego. El pecado viene del diablo, porque el diablo peca desde el principio. Pues bien, está tan claro como que dos y dos suman cuatro, que hay tanto más poder en la gracia que en el pecado, como tanto más poder hay en Dios que en el diablo. Queda igualmente claro que el reino de la gracia es el reino de Dios, y que el reino del pecado es el reino de Satán. ¿No resulta igualmente patente que es tan fácil servir a Dios por el poder de Dios, como fácil era servir a Satán por el poder de éste?

La dificultad está en que muchos intentan servir a Dios con el poder de Satán. Y eso es imposible. "O haced el árbol bueno, y su fruto bueno, o haced el árbol corrompido y su fruto dañado". El hombre no puede coger uvas de los espinos, ni higos de los abrojos. El árbol debe ser hecho bueno, raíz y rama. Tiene que ser renovado. "Es necesario nacer de nuevo". "Porque en Cristo Jesús, ni la circuncisión vale nada, ni la incircuncisión, sino la nueva criatura". Que nadie pretenda servir a Dios con nada que no sea el poder real y viviente de Dios, que lo hace una nueva criatura; con nada que no sea la gracia superabundante que condena el pecado en la carne, y que reina en justicia para vida eterna, por Cristo Jesús Señor nuestro. Entonces el servicio a Dios será verdaderamente "en novedad de vida"; entonces su yugo vendrá a ser "fácil" en verdad, y su carga "ligera". Entonces os alegraréis "con gozo inefable y glorificado" en su servicio.

¿Encontró Jesús alguna vez difícil hacer el bien? Todos diremos rápidamente, No. Pero ¿por qué? Él fue tan humano como lo somos nosotros, tomó la misma carne y sangre que nosotros. "Y aquel Verbo fue hecho carne, y habitó entre nosotros". Y el tipo de carne que "fue hecho" fue precisamente el que existía en este mundo. "Debía ser en todo semejante a los hermanos". ¡"En todo"! No dice en casi todo. No hay excepción. Fue hecho en todo como nosotros. Por Él mismo, era tan débil como lo somos nosotros, ya que dijo: "No puedo yo de mí mismo hacer nada".

¿Por qué, pues, siendo hecho en todo como nosotros, le fue siempre fácil hacer el bien? Porque nunca confió en sí mismo, sino que su confianza fue siempre solamente en Dios. Dependió enteramente de la gracia de Dios. Siempre buscó servir a Dios, solamente con el poder de Dios. Por lo tanto, el Padre moró en Él, e hizo las obras de justicia. Por lo tanto, siempre le resultó fácil hacer el bien. Pero como Él, así estamos nosotros en este mundo. Nos ha dejado un ejemplo, para que podamos seguir sus pasos. "Dios es el que en vosotros obra así el querer como el hacer, por su buena voluntad", lo mismo que sucedió con Él. A Él ha sido dado todo poder en el cielo y en la tierra; y desea que seamos "corroborados con potencia en el hombre interior por su Espíritu", "conforme a las riquezas de su gloria". "En Él habita toda la plenitud de la divinidad corporalmente"; y Él os corrobora con potencia en el hombre interior por su Espíritu, para "que habite Cristo por la fe en vuestros corazones", "para que seáis llenos de toda la plenitud de Dios".

Cierto, Cristo participó de la naturaleza divina, y así lo hacéis vosotros, si sois hijos de la promesa, y no de la carne; ya que mediante las promesas sois "hechos participantes de la naturaleza divina". Nada se dio a Cristo, en este mundo, y nada tenía, que no te sea dado gratuitamente, o que no puedas tener.

Todo eso es con el fin de que puedas andar en novedad de vida, no sirviendo así al pecado; para que seas siervo únicamente de la justicia; para que puedas ser liberado del pecado; para que el pecado no tenga dominio sobre ti; para que puedas glorificar a Dios en la tierra; y para que puedas ser semejante a Jesús. Por lo tanto, "a cada uno de nosotros es dada la gracia conforme a la medida del don de Cristo... hasta que todos lleguemos a la unidad de la fe y del conocimiento del Hijo de Dios, a un varón perfecto, a la medida de la edad de la plenitud de Cristo". Y "os exhortamos también a que no recibáis en vano la gracia de Dios".

Review and Herald, 1 setiembre 1896

Capítulo 11—No Recibáis en Vano la Gracia de Dios

Alonzo T. Jones

¿Está al alcance de todo creyente la gracia suficiente para guardarlo del pecado? Sí, ciertamente. Todos pueden tener la gracia suficiente para ser guardados de pecar. Se ha dado gracia abundante, y precisamente con ese propósito. Si alguien no la posee, no es porque no se haya dado suficiente medida de ella; sino porque no toma aquello que se dio. "A cada uno de nosotros es dada la gracia conforme a la medida del don de Cristo" (Efe. 4:7). La medida del don de Cristo es Él mismo en su plenitud, y es la medida de "toda la plenitud de la divinidad corporalmente". La plenitud de la divinidad es realmente inconmensurable, sin medida; no conoce límites, es simplemente lo infinito de Dios. Y esa es precisamente la medida de la gracia que se nos da a cada uno de nosotros. La infinita medida de la plenitud de la divinidad es lo único que puede expresar la proporción de gracia que se da a cada habitante de este mundo. "Donde se agrandó el pecado, tanto más sobreabundó la gracia". Esa gracia se da "para que, de la manera que el pecado reinó para muerte, así también la gracia reine por la justicia para vida eterna por Jesucristo Señor nuestro", y para que el pecado no se enseñoree de vosotros, pues no estáis bajo la ley, sino bajo la gracia.

Es también dada "para perfección de los santos". Su objetivo es llevar a cada uno a la perfección en Cristo Jesús –a esa perfección que es la medida plena de Dios, ya que se da para la edificación del cuerpo de Cristo, "hasta que todos lleguemos a la unidad de la fe y del conocimiento el Hijo de Dios, a un varón perfecto, a la medida de la edad de la plenitud de Cristo". Es dada "a cada uno de nosotros", "hasta que todos lleguemos" a la perfección, la medida de la edad de la plenitud de Cristo. Se da esa gracia a cada uno, allí donde el pecado abundó; y trae salvación a todo aquel al que se da. Llevándola en sí misma, la medida de la salvación que trae a cada uno es la medida de su propia plenitud, que no es otra que la plenitud de la divinidad.

Puesto que se da gracia ilimitada a cada uno, trayendo salvación según la medida de su propia plenitud, si alguno no tiene salvación ilimitada, ¿por qué razón será? Solamente puede ser porque no toma lo que se le da.

Puesto que a cada cual es dada la gracia sin medida, a fin de que reine contra todo el poder del pecado –tan ciertamente como antes reinó el pecado– y a fin de que el pecado no tenga el dominio; si éste tiene todavía el dominio en alguno, ¿donde radicará el problema? Sólo puede radicar en esto: en que no permita que la gracia obre por él, y en él, aquello para lo que fue dada. Frustra la gracia de Dios por su incredulidad. En lo que a él concierne, la gracia de Dios se ha dado en vano.

Pero todo creyente, por su profesión, da fe de que ha recibido la gracia de Dios. Por lo tanto, si en el creyente no reina la gracia en lugar del pecado; si la gracia no tiene dominio sobre el pecado, está claro que está recibiendo en vano la gracia de Dios. Si la gracia no está elevando al creyente hacia un varón perfecto, a la medida de la edad de la plenitud de Cristo, entonces está recibiendo en vano la gracia de Dios. De ahí que la exhortación de la Escritura sea: "Como ayudadores juntamente con Él, os exhortamos también a que no recibáis en vano la gracia de Dios" (2 Cor. 6:1).

La gracia de Dios es totalmente capaz de cumplir aquello para lo que se dio, con tal que se le permita obrar. Hemos visto que, puesto que la gracia proviene de Dios, el poder de la gracia no es otro que el poder de Dios. Está claro que el poder de Dios es sobradamente capaz de cumplir todo aquello para lo que fue dado –la salvación del alma, liberación del pecado y del poder de éste, el reino de la justicia en la vida y el perfeccionamiento del creyente según la medida de la estatura de la plenitud de Cristo–, con tal que encuentre lugar en el corazón y en la vida, para obrar de acuerdo con la voluntad de Dios. Pero el poder de Dios lo es "para salud a todo aquel que cree". La incredulidad frustra la gracia de Dios. Muchos creen y reciben la gracia de Dios para los pecados pasados, pero se contentan con eso, y no permiten que el reinado de la gracia contra el poder del pecado ocupe en su alma el mismo lugar que tuvo para salvarle de los pecados pasados. Esa no es sino otra fase de la incredulidad.

Así, en lo que respecta al gran objetivo final de la gracia –la perfección de la vida a la semejanza de Cristo–, prácticamente reciben la gracia de Dios en vano.

"Como ayudadores juntamente con Él, os exhortamos también a que no recibáis en vano la gracia de Dios. (Porque dice: En tiempo aceptable te he oído, y en día de salud te he socorrido: he aquí ahora el tiempo aceptable; he aquí ahora el tiempo de salud): No dando a nadie ningún escándalo, porque el ministerio nuestro no sea vituperado". Ahora, ese "ministerio" no se refiere solamente al ministro ordenado para el púlpito; incluye a todo el que recibe la gracia, o que nombra el nombre de Cristo. "Cada uno según el don que ha recibido, adminístrelo a los otros, como buenos dispensadores de las diferentes gracias de Dios... si alguno ministra, ministre conforme a la virtud...". Por lo tanto, no es su voluntad que se reciba la gracia de Dios en vano, a fin de que esa gracia y su bendita obra no puedan ser falsamente representadas ante el mundo, y que eso impida que los hombres se rindan a ella. No quiere que nadie reciba la gracia de Dios en vano, ya que cuando así sucede, se ocasiona verdaderamente "escándalo" a muchos, y el ministerio de la gracia es vituperado. Sin embargo, cuando la gracia de Dios no se recibe en vano, sino que se le da el lugar que le corresponde, no se dará "a nadie ningún escándalo", y el ministerio, no solamente no será vituperado, sino que será honrado.

Y a continuación, para mostrar cuán completo y abarcante será el reino de la gracia en la vida de quien no la reciba en vano, el Señor ha enumerado la siguiente lista, que incluye todo aquello en lo que hemos de tenernos como aprobados ante Dios. Leámosla atentamente:

"En todo como ministros de Dios, en mucha paciencia, en tribulaciones, en necesidades y angustias, en azotes, en cárceles, en alborotos, en trabajos, en desvelos, en ayunos, en pureza, en conocimiento, en lon-ganimidad, en bondad, en Espíritu Santo, en amor no fingido, en palabra de verdad, en poder de Dios, en armas de justicia a la derecha y a la izquierda, por honra y por deshonra, por infamia y por buena fama; como engañadores, pero hombres de verdad; como ignorados, pero bien conocidos; como muriendo, pero vivos; como castigados, pero no condenados a muerte; como tristes, pero siempre gozosos; como pobres, pero enriqueciendo a muchos; como no teniendo nada, pero poseyéndolo todo".

Esa lista incluye todas las experiencias posibles en la vida de un creyente, en este mundo. Muestra que allí donde no se reciba en vano la gracia de Dios, esta tomará posesión y control de la vida, de manera que toda experiencia será tomada por la gracia, y nos hará aprobados ante Dios, edificándonos en la perfección según la medida de la estatura de la plenitud de Cristo. "Como ayudadores juntamente con Él, os exhortamos también a que no recibáis en vano la gracia de Dios".

Review and Herald, 22 setiembre 1896

Capítulo 12—Carne de Pecado

Alonzo T. Jones

Muchas personas caen en un error grave y pernicioso. Consiste en pensar que su antigua carne de pecado es erradicada en la conversión. En otras palabras, cometen el error de pensar que la carne les será quitada, quedando así liberados de ella.

Entonces, cuando comprueban que tal cosa no ha sucedido, cuando ven que la misma vieja carne pecaminosa con sus inclinaciones, con sus clamores y seducciones, está aún allí, no pueden aceptar eso; caen en el desánimo, y están prontos a concluir que jamás han estado realmente convertidos.

Sin embargo, si recapacitasen un poco, podrían darse cuenta de que todo eso es un error. ¿Acaso no posees exactamente el mismo cuerpo, tras haber sido convertido, que el que tenías antes de la conversión? ¿No estaba compuesto exactamente del mismo material –carne, huesos, sangre– antes y después de convertirte? A esas preguntas todo el mundo contestará afirmativamente. Y con razón.

Hagámonos más preguntas: ¿No es esa carne exactamente de la misma cualidad que la anterior? ¿No sigue siendo carne humana, carne natural, tan ciertamente como antes? –A esas preguntas también responderán todos con un 'Sí'.

Aún otra pregunta más: Siendo la misma carne, de la misma cualidad –carne siempre humana–, ¿no sigue siendo carne tan pecaminosa como la anterior?

Aquí precisamente es donde radica el error de esas personas. A ésta última pregunta, se sienten inclinados a responder, 'No', cuando debiera darse un 'Sí' decidido. Y eso, por tanto tiempo como permanezcamos en este cuerpo natural.

Cuando se acepta y reconoce constantemente que la carne de la persona convertida sigue siendo carne de pecado, y nada más que carne de pecado, uno está tan plenamente convencido de que en su carne no mora el bien, que jamás permitirá ni una sombra de confianza en la carne. Siendo así, su sola dependencia será en algo muy distinto de la carne, que es en el Espíritu Santo de Dios; la fuente de su fortaleza y esperanza estará siempre fuera de la carne, estará exclusivamente en Jesucristo. Y estando siempre en guardia, vigilante y desconfiado de la carne, no esperará ninguna cosa buena a partir de ella, estando así en disposición –mediante el poder de Dios– para rechazar de raíz, y aplastar sin compasión cualquier impulso o sugerencia que provengan de ella. De esa manera, no cae, no se desanima, sino que va de victoria en victoria y de fortaleza en fortaleza.

Ves, pues, que la conversión no pone carne nueva sobre el antiguo espíritu, sino un nuevo Espíritu sobre la vieja carne. No se trata de una carne nueva sobre la antigua mente, sino una mente nueva sobre la antigua carne. La liberación y la victoria no tienen lugar por la eliminación de la naturaleza humana, sino mediante la recepción de la naturaleza divina, para dominar y subyugar a la humana. No tiene lugar quitando la carne de pecado, sino enviando el Espíritu sin pecado, que conquista y condena al pecado en la carne.

La Escritura no dice. 'Haya pues en vosotros esta carne que hubo también en Cristo', sino que dice, "Haya pues en vosotros este sentir [literal: mente] que hubo también en Cristo Jesús" (Fil. 2:5).

La Escritura no dice, 'transformaos por la renovación de vuestra carne', sino "transformaos por la renovación de vuestra mente" (Rom. 12:2). Seremos finalmente trasladados por la renovación de nuestra carne, pero debemos ser transformados por la renovación de nuestra mente.

El Señor Jesús tomó la misma carne y sangre, la misma naturaleza humana que es la nuestra – carne como nuestra carne pecaminosa–, y a causa del pecado, y mediante el poder del Espíritu de Dios, por la mente divina que en Él había, "condenó al pecado en la carne" (Rom. 8:3). Y ahí está nuestra liberación (Rom. 7:25), ahí nuestra victoria. "Haya pues en vosotros este sentir que hubo también en Cristo Jesús". "Y os daré corazón nuevo, y pondré Espíritu nuevo dentro de vosotros".

Nunca te desanimes a la vista de la pecaminosidad de la carne. Es solamente a la luz del Espíritu de Dios, y por el discernimiento de la mente de Cristo que puedes ver tanta pecaminosidad en tu carne; y cuanta más de ella veas, ciertamente más del Espíritu de Dios tienes. Es un indicativo seguro. Por lo tanto, cuando ves abundante pecaminosidad en ti, agradece a Dios por haberte dado el Espíritu de Dios que te ha permitido descubrirla; y ten la seguridad de que "donde se agrandó el pecado, tanto más sobreabundó la gracia; para que, así como el pecado reinó para muerte, la gracia reine por medio de la justicia, para vida eterna, mediante nuestro Señor Jesucristo".

Review and Herald, 18 abril 1899

Capítulo 13—No al Formalismo (I)

Alonzo T. Jones

El incrédulo Israel, careciendo de la justicia que es por la fe, y por lo tanto, no apreciando el gran sacrificio que hizo el Padre celestial, buscaba la justicia en virtud de ofrecerse a sí mismo, y en virtud del mérito de presentar tal ofrenda.

Se llegó así a pervertir cada fase del servicio, y todo lo que Dios había instituido como un medio de expresar la fe viviente, aquello que carecería de todo significado de no ser por la presencia y el poder de Cristo mismo en la vida. Y no solamente eso. No encontrando la paz y el gozo de una justicia satisfecha en nada de lo anterior, acumuló sobre eso lo que el Señor había establecido con otro propósito, pero que ellos pervirtieron según designios de su propia invención –añadieron a esas cosas diez mil tradiciones, ordenanzas y distinciones caprichosas de su propia imaginación–, y todo, todo, con la vana esperanza de alcanzar la justicia. Los rabinos enseñaban lo que prácticamente viene a ser una confesión de desesperación: "Si una persona pudiese por un solo día guardar toda la ley, sin ofender en ningún punto... Incluso si pudiese guardar ese punto de la ley que tiene que ver con la debida observancia del sábado, entonces terminarían los problemas de Israel, y el Mesías vendría por fin" (Farrar, Life and Work of St. Paul, p. 37. Ver también p. 36 y 83). ¿Qué podría describir el frío formalismo más adecuadamente que eso? Sin embargo, a pesar de esa reconocida carencia en sus vidas, se atribuían aún el mérito suficiente como para tenerse por mucho mejores que los demás, quienes resultaban no ser mejores que los perros, al ser comparados con ellos.

No sucede tal cosa con quienes son tenidos por justos por el Señor, sobre una libre profesión de fe, ya que cuando el Señor tiene a un hombre por justo, este es realmente justo ante Dios, y por eso mismo es separado de entre todos los del mundo. Pero eso no sucede en virtud de ninguna excelencia en él mismo, ni por un "mérito" en nada de lo que haya hecho. Es exclusivamente por la excelencia del Señor, y por lo que Él ha hecho. Y la persona que disfruta de tal situación sabe que por él mismo no es mejor que ningún otro, sino que a la luz de la justicia de Dios que le es impartida gratuitamente, él, en la humildad de la verdadera fe, está pronto a estimar a los demás como mejores que él (Fil. 2:3).

Esa atribución de gran crédito por lo que ellos mismos habían hecho, así como el tenerse por mejores que todos los demás, basado en el mérito de sus realizaciones, los condujo directamente a la propia justicia farisaica. Se creían tan superiores a cualquier otro pueblo, que ni siquiera había base posible para la comparación. Les parecía una revolución absolutamente descabellada la predicación de la verdad de que "no hay acepción de personas para con Dios".

Y ¿qué hay de la realidad cotidiana de un pueblo tal, durante todo ese tiempo? –Oh, solamente una vida de injusticia y opresión, malicia y envidia, disensión y fingimiento, calumnia y habladuría, hipocresía y vileza; enorgulleciéndose de su alta estima por la ley de Dios, y deshonrando a Dios con infracción de la ley; con los corazones llenos de homicidios, maquinando para derramar la sangre de Uno de sus hermanos, mientras que se negaban a cruzar el pretorio, ¡"por no ser contaminados"! Defensores rigurosos del sábado, pero pasando todo el día espiando con malicia, y conspirando para asesinar.

Lo que Dios pensaba –y piensa aún– de todo eso, se muestra claramente, a efectos de lo que nos interesa ahora, en dos cortos pasajes de la Escritura. He aquí su palabra a Israel –las diez tribus– estando todavía en "tiempo aceptable": "Aborrecí, abominé vuestras solemnidades, y no me darán buen olor vuestras asambleas. Y si me ofreciereis holocaustos y vuestros presentes, no los recibiré; ni miraré a los pacíficos de vuestros engordados. Quita de mí la multitud de tus cantares, que no escucharé las salmodias de tus instrumentos. Antes corra el juicio como las aguas, y la justicia como impetuoso arroyo" (Amós 5:21-24).

Y a Judá, aproximadamente en la misma época, dirigió palabras similares:

"Príncipes de Sodoma, oíd la palabra de Jehová; escuchad la ley de nuestro Dios, pueblo de Gomorra. ¿Para qué a mí, dice Jehová, la multitud de vuestros sacrificios? Harto estoy de holocaustos de carneros, y de sebo de animales gruesos: no quiero sangre de bueyes, ni de ovejas, ni de machos cabríos. ¿Quién demandó esto de vuestras manos, cuando viniseis a presentaros delante de mí, para hollar mis atrios? No me traigáis más vano presente: el perfume me es abominación: luna nueva y sábado, el convocar asambleas, no las puedo sufrir: son iniquidad vuestras solemnidades. Vuestras lunas nuevas y vuestras solemnidades tienen aborrecida mi alma: me son gravosas; cansado estoy de llevarlas. Cuando extendiereis vuestras manos, yo esconderé de vosotros mis ojos: asimismo cuando multiplicareis la oración, yo no oiré: llenas están de sangre vuestras manos. Lavad, limpiaos; quitad la iniquidad de vuestras obras de ante mis ojos; dejad de hacer lo malo: Aprended a hacer bien; buscad juicio, restituid al agraviado, oíd en derecho al huérfano, amparad a la viuda. Venid luego, dirá Jehová, y estemos a cuenta: si vuestros pecados fueren como la grana, como la nieve serán emblanquecidos: si fueren rojos como el carmesí, vendrán a ser como blanca lana" (Isa. 1:10-18).

El mismo Señor había establecido esos días de fiesta y esas solemnes asambleas, ofrendas ardientes, ofrendas de sacrificios animales y sacrificios pacíficos; pero ahora dice que las aborrece y que no las aceptará. Los suaves cantos, ejecutados por corales bien adiestradas y acompañadas de instrumentos musicales en pomposa exhibición, todo aquello que ellos tenían por delicada música, para Dios se había convertido en ruido, y no deseaba oírlo más.

Nunca había establecido ni un solo día de fiesta, asamblea solemne, sacrificio, ofrenda o canto, para un propósito como el que le estaban dando. Los había señalado como el medio de expresar, en actitud de adoración, la fe viviente por la cual el Señor mismo moraría en el corazón y obraría justicia en la vida, de forma que pudiesen oír con derecho al huérfano y amparar a la viuda; entonces el juicio podría correr como las aguas, y la justicia como impetuoso arroyo.

Los cantos elegantes y refinados, si son entonados en clave de exhibición vana, no son mas que ruido; mientras que la sencilla expresión, "Padre nuestro", brotando de un corazón tocado por el poder de la fe viviente y genuina, "pronunciada con sinceridad por labios humanos, es música" que llega a nuestro Padre celestial, quien "ha inclinado a mí su oído" (Sal. 116:2), y trae la divina bendición y fortaleza al alma.

Con ese fin, y no otro, fueron establecidas esas cosas; y jamás con la hueca pretensión de que el formalismo mortal instalado en la iniquidad de un corazón carnal, produjese la respuesta de justicia. Nada la produciría, excepto el lavacro de los pecados por la sangre del Cordero de Dios, y la purificación del corazón por la fe viviente; sólo eso podría hacer aceptables ante Dios todas aquellas cosas que Él mismo estableció.

Bible Echo, 28 enero 1895

Capítulo 14—No al Formalismo (II)

Alonzo T. Jones

Incluso de este lado de la cruz, en la era en la que debería ser por siempre desechado, el mismo frío formalismo, la apariencia vacía, han sido exaltados y han afligido a la profesión de cristianismo por doquier. Muy pronto irrumpieron en la iglesia hombres no convertidos, y se exaltaron a sí mismos en el lugar de Cristo. No habiendo hallado la presencia viviente de Cristo en el corazón mediante una fe viva, procuraron conservar siempre las formas del cristianismo a modo de sustituto de la presencia de Cristo, el único que puede dar significado y vida a esas formas. En ese sistema de perversidad, la regeneración tiene lugar mediante la formalidad del bautismo, e incluso eso, por la mera aspersión de unas gotas de agua; la presencia real de Cristo se encuentra en la "sagrada forma" de la Santa Cena; la esperanza de la salvación radica en estar conectado con una forma de la iglesia. Y así sucesivamente con toda la lista de las formas del cristianismo. No estando satisfechos con haber pervertido de esa manera las formas divinamente establecidas del cristianismo, añadieron a eso diez mil invenciones de su propia cosecha, como penitencias, peregrinajes, tradiciones y minucias caprichosas.

Y, como sucedía en la antigüedad –y ha sucedido siempre en el culto formalista–, la vida es una pura exhibición continuada de las obras de la carne: contiendas, pleitos, hipocresía e iniquidad, persecución, espionaje, traición y toda obra malvada. Tal es el papado.

El espíritu maligno del funesto formalismo se ha extendido, no obstante, mucho más allá de las fronteras del papado organizado. Aflige hoy por igual a toda profesión de cristianismo, en todo lugar. La profesión de cristianismo del mensaje del tercer ángel tampoco ha escapado totalmente. Vendrá a ser el mal prevaleciente en los últimos días, hasta la misma venida del Señor en gloria, en las nubes de los cielos.

"Esto también sepas, que en los postreros días vendrán tiempos peligrosos: Que habrá hombres amadores de sí mismos, avaros, vanagloriosos, soberbios, detractores, desobedientes a los padres, ingratos, sin santidad, sin afecto, desleales, calumniadores, destemplados, crueles, aborrecedores de lo bueno, traidores, arrebatados, hinchados, amadores de los deleites más que de Dios; teniendo apariencia de piedad, mas habiendo negado la eficacia de ella: y a estos evita" (2 Tim. 2:1-5).

Esa tan extendida forma de piedad desprovista de su poder, y que incluso lo niega, es el funesto formalismo contra el que tenemos que luchar la buena batalla de la fe. La fe viva que trae al mundo el mensaje del tercer ángel, tiene por fin el salvarnos de ser engullidos en esa marea mundial de formalismo mortífero.

Ahora, en lo que respecta a ti personalmente, ¿tienes un formalismo mortal, o una fe viviente? ¿Tienes la forma de la piedad sin su poder?, ¿o tienes, mediante una fe viviente, la presencia y el poder del Salvador viviendo en el corazón, dando divino significado, vida y gozo a todas las formas de adoración y servicio que Cristo estableció; y obrando las obras de Dios y manifestando los frutos del Espíritu en la totalidad de la vida?

Excepto como un medio de encontrar al Salvador viviente –Cristo, en la Palabra, y la fe viva de Él–, hasta esa misma Palabra podría venir a resultar hoy en un mortal formalismo, lo mismo que fue en lo antiguo cuando Él estuvo en la tierra. Les dijo entonces, "Escudriñad las Escrituras, porque a vosotros os parece que en ellas tenéis la vida eterna; y ellas son las que dan testimonio de mí. Y no queréis venir a mí, para que tengáis vida" (Juan 5:39,40). Ellos pensaban encontrar la vida eterna en las Escrituras sin Cristo, esto es, cumpliéndolas ellos mismos. Pero está escrito "que Dios nos ha dado vida eterna, y esta vida está en su Hijo", cuando encontramos a Cristo en las Escrituras. No en la letra de las Escrituras sin Cristo, porque ellas son las que dan testimonio de Él. Ese es justamente el propósito de las Escrituras. Por lo tanto, "el que tiene al Hijo, tiene la vida: el que no tiene al Hijo de Dios, no tiene la vida" (1 Juan 5:11,12). "La verdadera piedad eleva los pensamientos y acciones; entonces las formas externas de la religión armonizan con la pureza interior del cristiano; entonces las ceremonias que el servicio de Dios requiere no son ritos carentes de significado, como los de los fariseos hipócritas" (Spirit of Prophecy, vol. 2, p. 219).

Bible Echo, 4 febrero 1895

Capítulo 15—Ministros de Dios

Alonzo T. Jones

A partir de la lista que Dios nos proporciona en 2ª de Corintios 6:1-10, queda claro que no hay nada que pueda sobrevenir a la vida del creyente en Cristo, que la gracia de Dios no pueda transformar en una bendición para él, y que no sirva para otra cosa que para avanzar hacia la perfección en Cristo Jesús. Eso, y no otra cosa, es lo que siempre hará la gracia de Dios, si el creyente permite que el Señor obre según su voluntad en la vida de él; si éste permite que la gracia reine. Es así que "todo esto es para vuestro beneficio"; y es así como "a los que a Dios aman, todas las cosas les ayudan a bien". Eso es maravilloso, es realmente glorioso. Es la salvación misma. Es así como Dios hace que "siempre triunfemos en Cristo Jesús". No obstante, eso no es más que la mitad de la historia. El propósito del Señor no es solamente salvar al que cree, sino emplearlo para ministrar a todos los demás el conocimiento de Dios, a fin de que ellos también puedan creer. No debemos pensar que la gracia y los dones del Señor son solamente para nosotros. Cierto, primeramente son para nosotros, pero eso es así con el propósito de que no solamente seamos salvos nosotros, sino con el fin de capacitarnos para ser una bendición a todos los demás al comunicarles el conocimiento de Dios. Debemos participar nosotros mismos de la salvación, antes de poder atraer a ella a los demás. Por lo tanto leemos: "Cada uno según el don que ha recibido, adminístrelo a los otros, como buenos dispensadores de las diferentes gracias de Dios". "Y todo esto es de Dios, el cual nos reconcilió a sí por Cristo; y nos dio el ministerio de la reconciliación".

Todo el que recibe la gracia de Dios, recibe a la vez con ella el ministerio o administración de esa gracia a todos los demás. Todo aquel que se encuentra reconciliado con Dios, junto a esa reconciliación, recibe el ministerio de la reconciliación a los otros. Aquí se aplica también la exhortación, "...que no recibáis en vano la gracia de Dios". ¿Estás participando de la gracia? Entonces adminístrala a los otros; no la recibas en vano. ¿Fuiste reconciliado con Dios? Entonces sabe también que Él te encomendó el ministerio de la reconciliación. ¿Has recibido ese ministerio en vano?

Si no recibimos en vano la gracia de Dios, si le permitimos reinar, el Señor hará que nos presentemos en todo como ministros aprobados de Dios. Esa es la verdad. El Señor dice que es así, y así es. "Nos presentamos en todo como ministros de Dios". Es decir, estaremos en todo comunicando a otros el conocimiento de Dios. El Señor se propone, no sólo que "siempre triunfemos en Cristo Jesús" en lo referente a nosotros, sino también que manifestemos "el olor de su conocimiento por nosotros en todo lugar". Significa que su plan es que a través nuestro manifestemos a todos, y en todo lugar, el conocimiento de Él.

No lo podemos lograr por nosotros mismos. Él lo hará por medio de nosotros. Debemos cooperar con Él. Debemos ser sus colaboradores. Cuando procedamos de tal modo, ciertamente hará que triunfemos siempre en Cristo, y hará también manifiesto el conocimiento de Él mismo, por nuestro medio, en todo lugar. Gracias al Señor porque es poderoso para hacer tal cosa. Nunca digas, ni siquiera pienses que no puede hacerlo a través de ti. Puede. Lo hará, si no recibes su gracia en vano; si permites que la gracia reine; si cooperas juntamente con Él.

Es cierto que hay un misterio en cuanto a cómo puede ser esto así. Es un misterio el cómo puede Dios hacer manifiesto el conocimiento de sí mismo mediante personas como tú y yo, en todo lugar. Sin embargo, por misterioso que sea, es la pura verdad. ¿Acaso no creemos en los misterios de Dios? Ciertamente los creemos. Entonces no olvidemos nunca que el misterio de Dios es Dios manifestado en la carne. Y tú y yo somos carne. Por lo tanto, el misterio de Dios es Dios manifestado en ti y en mí, que creemos. Créelo. Es necesario recordar, no obstante, que el misterio de Dios no es Dios manifestado en carne impecable, sino Dios manifestado en carne pecaminosa. No habría ningún misterio en que Dios se manifestase a sí mismo en carne impecable –sin ningún tipo de relación con el pecado. No habría ahí misterio. Pero que pueda manifestarse en carne lastrada por el pecado, y por todas las tendencias al pecado, tal como sucede con la nuestra, eso es un misterio. Sí, es el misterio de Dios.

Y es un hecho glorioso. Gracias al Señor por ello. Créelo. Ante el mundo entero, y para el gozo de todos sus habitantes, demostró en Cristo Jesús que ese gran misterio es un hecho en la experiencia humana. "Así que, por cuanto los hijos participaron de carne y sangre, Él también participó de lo mismo". "Por lo cual, debía ser en todo semejante a los hermanos". Dios, por lo tanto, "al que no conoció pecado, hizo pecado por nosotros". "Jehová cargó en Él el pecado de todos nosotros". Así, en nuestra carne, tomando nuestra naturaleza lastrada con la iniquidad, y siendo Él mismo hecho pecado, Cristo Jesús vivió en este mundo, tentado en todo como nosotros; y sin embargo, Dios le hizo triunfar siempre, e hizo manifiesto el olor de su conocimiento, mediante Él, en todo lugar. Así, Dios fue manifestado en carne, en nuestra carne, en carne humana afectada por el pecado –hecho Él mismo pecado–, y débil y tentada como lo es la nuestra. El misterio de Dios fue así dado a conocer a todas las naciones para la obediencia a la fe. ¡Oh, créelo!

Ese es el misterio de Dios, hoy y por siempre: Dios manifestado en la carne, en carne humana, en carne agobiada por el pecado, tentada y probada. En esa carne, Dios hará manifiesto el conocimiento de sí mismo, allí donde haya un creyente. ¡Créelo y alaba su santo nombre!

Tal es el misterio que, en el mensaje del tercer ángel, debe darse hoy nuevamente a conocer a todas las naciones, para la obediencia de la fe. Ese es el misterio de Dios, que en estos días debe ser "consumado". No solamente consumado en el sentido de llegar a su término en relación al mundo, sino consumado en el sentido de alcanzar su plenitud en su gran obra en el creyente. Es tiempo de que el misterio de Dios sea consumado, en el sentido de que Dios tiene que ser manifestado en la carne de cada verdadero creyente, allí donde éste se encuentre. Esto equivale, de hecho y en verdad, a guardar los mandamientos de Dios y la fe de Jesús.

"Tened buen ánimo, yo he vencido al mundo" –he revelado a Dios en la carne. Nuestra fe es la victoria que vence al mundo. Entonces y ahora, "a Dios gracias, el cual hace que siempre triunfemos en Cristo Jesús, y manifiesta el olor de su conocimiento por nosotros en todo lugar".

Review and Herald, 29 setiembre 1896

Capítulo 16—Guardados por su Palabra

Alonzo T. Jones

En la vida cristiana, todo depende de la palabra de Dios. Es cierto que Dios es poderoso para guardarnos sin pecar –y tal es su deseo–; pero eso debe tener lugar mediante su palabra. Leemos, "por la palabra de tus labios yo me he guardado de las vías del destructor". "En mi corazón he guardado tus dichos, para no pecar contra ti". Tal es el camino que Dios ha establecido, y ningún otro lleva a su cumplimiento.

No es que sea el único camino porque Él decidió arbitrariamente que tal debía ser, para poner luego a los hombres bajo la obligación de seguirlo. Su palabra es el camino de la salvación y el camino de la santificación (el vivir del cristiano), porque esa es la manera en la que Dios obra; es así como se manifiesta a sí mismo. En el principio creó todas las cosas por su palabra; es por ella que hace del hombre una nueva criatura; y será por su palabra como creará nuevamente este mundo y todas las cosas que le pertenecen. "Por la palabra de Jehová fueron hechos los cielos, y todo el ejército de su boca por el espíritu de su boca... porque Él dijo, y fue hecho; Él mandó, y existió". "Y el que estaba sentado en el trono dijo: He aquí, yo hago nuevas todas las cosas... y díjome: Hecho es".

No es solamente que los mundos fuesen creados por la palabra de Dios: además, son sustentados igualmente por ella. "Los cielos fueron en el tiempo antiguo, y la tierra que por agua y en agua está asentada, por la palabra de Dios; por lo cual el mundo de entonces pereció anegado en agua: Mas los cielos que son ahora, y la tierra, son conservados por la misma palabra". De la misma forma, el cristiano no es solamente hecho una nueva criatura por la palabra de Dios, sino que es guardado, sustentado y alimentado para su crecimiento, por la misma palabra. Dios sostiene "todas las cosas" por su poderosa palabra, y el cristiano no es menos parte de todas esas cosas, que cualquiera de los mundos.

Nadie puede poner en duda que es el Señor quien mantiene a todos los mundos en su lugar. Pero el Señor no sólo guarda y sostiene los mundos, sino "todas las cosas". Eso es tan cierto para el cristiano, como para cualquier estrella del firmamento, o para cualquier mundo del universo. Nadie pondrá en duda que es el Señor quien guía y sostiene las estrellas y los mundos, por su palabra. De igual modo, la palabra del Señor es la que sostiene y guía al cristiano por el buen camino.

Todo el que profesa el nombre de Cristo, debe creer y depender de lo anterior. Tú y yo no podemos mantenernos por nosotros mismos en el buen camino, más de lo que podrían hacerlo la tierra o el sol. El cristiano depende tan ciertamente como los astros de la palabra de Dios, de forma que el cristiano es tan ciertamente guardado en el camino del Señor, como lo es cualquier otro planeta del universo. Está escrito que Dios "es poderoso para guardaros sin caída", y añade, "siempre te sustentaré con la diestra de mi justicia". "Se afirmará, porque el Señor tiene poder para sostenerlo".

Oh, cristiano que luchas y desfalleces, ¿no te parece esa palabra que sostiene los mundos infinitos poderosa para sostenerte a ti? Confía en esa palabra. Depende incondicionalmente de ella. Reposa sobre ella por completo, y hallarás descanso en ella. Confía en que el Señor te sostiene, como sostiene al sol. Su palabra es la que sostiene al sol, y Él te habla una y otra vez, diciéndote: "no temas, que yo soy contigo; no desmayes, que yo soy tu Dios que te esfuerzo. Siempre te ayudaré, siempre te sustentaré con la diestra de mi justicia". Te guardaré, mío eres tú. "No te desampararé, ni te dejaré". No te dejaré hasta que haya obrado en ti lo que mi palabra te ha dicho.

"La palabra de Dios es viva y eficaz". Significa que rebosa poder y vida, para hacer por ti, contigo y en ti, todo lo que la palabra dice. Cree en esa palabra, confía en ella: es la palabra del Dios viviente, la palabra del Salvador compasivo. "Recibid con mansedumbre la palabra ingerida, la cual puede hacer salvas vuestras almas". "Ahora, hermanos, os encomiendo a Dios, y a la palabra de su gracia; que es poderosa para sobreedificaros". "La palabra de Cristo habite en vosotros en abundancia". "Gracias a la fe, sois guardados por el poder de Dios". El poder de Dios se hace manifiesto mediante su palabra, por lo tanto, su palabra es poderosa. La fe viene por el oír la palabra de Dios; por lo tanto, es la palabra fiel, la palabra de fe. Cuando dice que gracias a la fe somos guardados por el poder de Dios, no es sino otra forma de decir que sois guardados por la palabra de Dios "para alcanzar la salvación que será revelada en el último tiempo". Cree esa palabra, confía en ella, y experimenta su poder para sostenerte.

Review and Herald, 13 octubre 1896

Capítulo 17—El Poder de la Palabra (I)

Alonzo T. Jones

"Porque como desciende de los cielos la lluvia, y la nieve, y no vuelve allá, sino que harta la tierra, y la hace germinar y producir, y da simiente al que siembra, y pan al que come, así será mi palabra que sale de mi boca: no volverá a mí vacía, antes hará lo que yo quiero, y será prosperada en aquello para que la envié".

(Isaías 55:10-11)

La tierra puede dar vegetación sólo si recibe humedad de la lluvia y la nieve. Sin ellas, todo se secaría y moriría. Tal ocurre con la vida del hombre y la palabra de Dios. Sin la palabra de Dios, la vida del hombre es tan estéril en cuanto al poder y al bien, como lo es la tierra allí donde no llueve. Pero permítase solamente que la palabra de Dios caiga sobre el corazón, como las lluvias lo hacen sobre la tierra; entonces la vida vendrá a ser fresca y embellecida con el gozo y la paz del Señor, y cargada de los frutos de justicia que proceden de Jesucristo.

Observa, no obstante, que no eres tú quien "hará lo que Yo quiero" (la voluntad de Dios); sino que es la palabra quien lo debe hacer. No se trata de que leas u oigas la palabra de Dios, y digas, 'yo tengo que hacerlo', o 'yo lo haré'. Debes abrir tu corazón a esa palabra, a fin de que ella cumpla en ti la voluntad de Dios. No eres tú quien debe hacerlo, sino ella. La palabra de Dios misma es quien lo hará, y tú se lo has de permitir. "La palabra de Cristo habite en vosotros en abundancia".

En otro lugar se expresa así: "Cuando recibisteis la palabra de Dios que oísteis de nosotros, la aceptasteis, no como palabra de hombres, sino según es en realidad, la palabra de Dios, que obra en vosotros los que creéis". De forma que es la palabra de Dios la que debe obrar en ti. No eres tú quien debe obrar para cumplir la palabra de Dios, sino que la palabra de Dios debe obrar en ti para hacer que tú la cumplas. "Por eso me afano, luchando con la fuerza de Cristo que actúa poderosamente en mí".

Siendo que la palabra de Dios es viviente y llena de poder, cuando se le permite obrar en la vida de alguien, actuará poderosamente. Puesto que se trata de la palabra de Dios, el poder del que está llena, no es otro que el poder de Dios; y al permitírsele actuar en la vida, se manifestará en ella la obra de Dios. Actuará poderosamente. Dios es el que en vosotros obra así el querer como el hacer, por su buena voluntad. La palabra "hará lo que Yo quiero". Permíteselo.

A partir de lo dicho por las Escrituras, se deduce que debemos considerar siempre a la palabra de Dios como llevando en ella misma su cumplimiento. Esa es la gran verdad presentada por doquiera, en la Biblia. Es la gran diferencia entre la palabra de Dios y la del hombre. Es la diferencia destacada en el pasaje que dice, "Cuando recibisteis la palabra de Dios que oísteis de nosotros, la aceptasteis, no como palabra de hombres, sino según es en realidad, la palabra de Dios, que obra en vosotros los que creéis".

En la palabra del hombre no hay poder para cumplir lo que dice. No importa cuál sea la habilidad del hombre para llevar a cabo lo que dice, no hay ningún poder en su misma palabra, que cumpla lo que dice. La palabra de un hombre puede expresar la realización de algo muy fácil para él, y podemos estar muy convencidos de que lo hará. No obstante, su cumplimiento depende absolutamente del hombre mismo, aparte de su palabra. No es su palabra la que obra, sino que él mismo debe hacerlo; por lo tanto, es exactamente igual que si jamás hubiese pronunciado palabra alguna. Así es la palabra del hombre.

No sucede lo mismo con la palabra de Dios. Cuando Dios pronuncia la palabra, en el mismo momento, hay en esa palabra el poder viviente para cumplir lo que esa palabra expresa. No hay la más mínima necesidad de que Dios emplee cualquier otro medio que no sea la palabra misma, para cumplir lo pronunciado. La Biblia está llena de ilustraciones al propósito, y quedaron escritas para instruirnos sobre el particular: para que consideremos la Palabra como palabra de Dios, y no como palabra del hombre; y para que la podamos recibir como lo que es en realidad, la palabra de Dios, a fin de que ella pueda obrar poderosamente en nosotros la buena voluntad de Dios.

"Por la palabra de Jehová fueron hechos los cielos, y todo el ejército de ellos por el espíritu de su boca... porque Él dijo, y fue hecho; Él mandó, y existió". "Por la fe entendemos que los mundos fueron formados por la palabra de Dios, de modo que lo que se ve, fue hecho de lo que no se veía". En el principio, no existían para nada los mundos. Es más, ni siquiera existía la materia de la que están compuestos: No había nada. Entonces, Dios habló, y todos los mundos vinieron a existir, cada uno en su lugar. ¿De dónde vinieron, pues, los mundos? Antes de hablar, no había ninguno. Cuando habló, helos ahí. ¿De dónde vinieron? ¿Qué los produjo? ¿Qué fue lo que produjo el material del que están hechos? ¿Qué los trajo a la existencia? Fue la palabra pronunciada la que creó todo. Y lo hizo porque era la palabra de Dios. Había en esa palabra la divinidad de vida y espíritu, el poder creador para hacer todo lo que la palabra decía. Así es la palabra de Dios.

"Esta es la palabra que por el evangelio os ha sido anunciada". En la Biblia, la palabra de Dios es la misma, la misma en vida, en espíritu, en poder creador, que aquella que hizo los cielos y todo el ejército de ellos. Fue Jesucristo quien pronunció la palabra en la creación; es Él quien pronuncia la palabra en la Biblia. En el principio, la palabra que pronunció, creó los mundos; en la Biblia, la palabra que pronuncia salva y santifica el alma. En el principio, su palabra creó los cielos y la tierra; en la Biblia, su palabra crea en Cristo Jesús al hombre que recibe esa palabra. En ambos casos, y en toda la obra de Dios, es la palabra la que lo efectúa.

Permite que la palabra de Cristo more en ti abundantemente. Recíbela, no como palabra de hombre, sino como es en verdad, la palabra de Dios, que obra poderosamente en ti. Entonces, "como desciende de los cielos la lluvia, y la nieve, y no vuelve allá, sino que harta la tierra, y la hace germinar y producir, y da simiente al que siembra, y pan al que come, así será mi palabra que sale de mi boca: no volverá a mí vacía, antes hará lo que yo quiero, y será prosperada en aquello para que la envié". "A vosotros es enviada la palabra de esta salud". "Y ahora, hermanos, os encomiendo a Dios, y a la palabra de su gracia; que es poderosa para sobreedificaros, y daros herencia con todos los santificados".

Review and Herald, 20 octubre 1896

Capítulo 18—El Poder de la Palabra (II)

Alonzo T. Jones

Hemos visto que el poder inherente a la palabra de Dios es suficiente, mediante la simple pronunciación ésta, para crear los mundos. Al ser dicha hoy al hombre, es también suficiente para crear de nuevo, en Cristo Jesús, a todo el que la reciba.

En el capítulo ocho de Mateo hallamos el relato de un centurión que vino a Jesús, rogándole así: "Señor, mi mozo yace en casa paralítico, gravemente atormentado. Y Jesús le dijo: yo iré y le sanaré. Y respondió el centurión, y dijo: Señor, no soy digno de que entres debajo de mi techado; mas solamente di la palabra, y mi mozo sanará... Entonces Jesús dijo al centurión: Ve, y como creíste te sea hecho. Y su mozo fue sano en el mismo momento".

Ahora ¿qué fue lo que el centurión esperó que curase a su siervo? "Solamente... la palabra", que Jesús pronunciaría. Y después que se hubo dicho la palabra, ¿de qué debió depender el centurión, y en qué debió esperar, para el poder sanador? Solamente... la palabra. No esperó que el Señor lo efectuase de alguna otra manera que no fuese por su palabra. Escuchó la palabra, "Ve, y como creíste te sea hecho". La aceptó verdaderamente como palabra de Dios y esperó y dependió de ella, para el cumplimiento de lo que había dicho. Y así resultó. Tal es hoy la palabra de Dios, tan ciertamente como lo fue en el día en que se pronunció originalmente. No ha perdido un ápice de su poder, ya que esa palabra de Dios "vive y permanece para siempre".

En Juan 4:46-52 se nos relata cómo cierto noble, cuyo hijo estaba enfermo en Capernaum, vino a Jesús en Caná de Galilea, "y rogábale que descendiese, y sanase a su hijo, porque se comenzaba a morir. Entonces Jesús le dijo: Si no viereis señales y milagros, no creeréis. El del rey le dijo: Señor, desciende antes que mi hijo muera. Dícele Jesús: Ve, tu hijo vive. Y el hombre creyó a la palabra que Jesús le dijo, y se fue. Y cuando ya él descendía, los siervos le salieron a recibir, y le dieron nuevas, diciendo: Tu hijo vive. Entonces él les preguntó a qué hora comenzó a estar mejor. Y dijéronle: Ayer a las siete le dejó la fiebre. El padre entonces entendió que aquella hora era cuando Jesús le dijo: Tu hijo vive".

Ese es el poder de la palabra de Dios para aquel que la recibe como lo que es en verdad: palabra de Dios. Ese es el poder "que obra en vosotros los que creéis". Esa es la manera en la que la palabra de Dios cumple su designio en quienes la reciben, y le permiten morar en ellos. Obsérvese que en ambos casos el hecho se produjo en el mismo momento de pronunciarse la palabra. Véase también que ninguno de los dos enfermos estaba en la presencia inmediata de Jesús, sino a considerable distancia –el último, al menos a un día de camino del lugar en el que Jesús habló al noble. Sin embargo, se curó instantáneamente al ser pronunciada la palabra. Y esa palabra está viva y llena de poder hoy, tan ciertamente como entonces, para todo el que la recibe de la forma en que fue recibida en aquella ocasión. La fe consiste en aceptar esa palabra como palabra de Dios, y en depender de ella para que realice lo que dice. Cuando el centurión dijo, "solamente di la palabra, y mi mozo sanará", Jesús dijo a los que estaban alrededor, "De cierto os digo, que ni aun en Israel he hallado fe tanta". Ojalá pueda hallar hoy, por todo Israel, esa "fe tanta".

Jesús nos dice a cada uno de nosotros, "vosotros ya estáis limpios por la palabra que os he hablado". Esa purificación, o lavacro, tiene lugar por la palabra. El Señor no se propone limpiarte de ninguna otra manera que no sea por su palabra que él mismo ha pronunciado. Solamente de ella debes esperar el poder que purifica, recibiéndola verdaderamente como la palabra de Dios que actúa poderosamente en ti, y cumplirá el designio de ella. No es el propósito de Dios hacerte puro de otra forma que no sea por el poder de sus puras palabras morando en ti.

Un enfermo de lepra dijo a Jesús, "¡Señor, si tú quieres, puedes limpiarme!". Jesús le respondió: " '¡Así lo quiero! ¡Sé limpio!' Y al instante quedó limpio de su lepra". ¿Estás clamando a causa de la lepra del pecado? ¿Le has dicho, o le dirás ahora, "Señor, si tú quieres, puedes limpiarme"? Él te responde: '¡Así lo quiero! ¡Sé limpio!'. Y al instante quedas limpio, tan ciertamente como sucedió con aquel otro enfermo de lepra.

Cree la palabra, y alaba a Dios por su poder sanador. No apliques tu fe a creer lo que le sucedió a aquel leproso, sino cree en lo que respecta a ti, aquí, ahora. Inmediatamente. Para ti es la palabra: "¡Sé limpio!". Acéptala, como hicieron aquellos en lo antiguo, obrando inmediatamente en ti la buena voluntad del Padre.

Que todos los que invocan el nombre de Cristo reciban esa palabra hoy, como palabra de Dios que es, dependiendo de ella para el cumplimiento de lo que dice. Entonces, será ahora realidad, para gloria de Dios, que "así como Cristo amó a la iglesia, y se entregó a sí mismo por ella, para santificarla limpiándola en el lavacro del agua por la palabra, para presentársela gloriosa para sí, una iglesia que no tuviese mancha ni arruga, ni cosa semejante; sino que fuese santa y sin mancha".

Review and Herald, 27 octubre 1896

Capítulo 19—Viviendo por la Palabra

Alonzo T. Jones

"Mas ahora, sin la ley, la justicia de Dios se ha manifestado, testificada por la ley y por los profetas: La justicia de Dios por la fe de Jesucristo, para todos los que creen en Él; porque no hay diferencia; por cuanto todos pecaron, y están destituidos de la gloria de Dios".

(Rom. 3:21-23)

La justicia de Dios es lo primero que debe buscar todo hombre. "Buscad primeramente el reino de Dios y su justicia". Y en el camino de la justicia, hay vida. No es posible separar la vida de Dios de la justicia de Dios. Tan ciertamente como tienes la justicia de Dios, tienes su vida.

Y "ahora, sin la ley, la justicia de Dios se ha manifestado". Ahora, significa: hoy, en este momento, mientras lees. En este preciso momento, pues, la justicia de Dios se ha manifestado a "todos los que creen en Él". ¿Crees en Jesucristo ahora, en este momento? Si dices, 'Sí', entonces la justicia de Dios se manifiesta ahora –en este mismo momento– en y so-bre ti. ¿Lo crees así? La palabra de Dios así lo afirma. ¿Lo afirmas tú? Si tú no lo afirmas, entonces, ¿puedes decir que crees la palabra? Si el Señor dice claramente que su justicia se ha manifestado ahora a ti y sobre ti, y tú dices que no te ha sido ahoramanifestada, ¿estás creyendo realmente al Señor? Si Él te dice algo llanamente, y tú dices que en tu caso eso no es cierto, ¿pretendes estar creyéndolo en verdad?

El Señor espera que afirmes que es cierto lo que Él dice; que es cierto "ahora", en este momento; y que es cierto para ti, y en ti. "Os escribo un mandamiento nuevo, que es verdadero en Él y en vosotros". Cuando el Señor dice algo, es verdad, incluso aunque nadie en el mundo lo creyese. En tal caso, sería verdad en Él, pero no en ellos. Pero Él quiere que sea cierto en ti, así como en Él. Cuando reconoces que lo que el Señor dice es cierto para ti "ahora", en este momento, entonces es cierto en Él y en ti. Eso es creer en Dios. Es creer en su palabra. Su palabra mora entonces en ti. Y "si estuviereis en mi, y mis palabras estuvieren en vosotros, pedid todo lo que quisiereis, y os será hecho".

Muchos son los dispuestos a admitir, de una manera general, que lo dicho por el Señor es cierto. Admitirán igualmente que puede ser cierto también para otros. Pero que sea cierto para ellos, precisamente ahora, eso ya no pueden aceptarlo. Los tales no conocen realmente que la palabra de Dios es verdadera. "¿Tienes tú fe? Tenla para contigo delante de Dios". Si no la tienes para contigo, en lo que a ti respecta, entonces no tienes fe en absoluto. Si no crees que la palabra del Señor es verdadera para ti personalmente, y ahora, entonces no crees en absoluto. Puesto que no estás viviendo ayer ni mañana, sino precisamente ahora –entre tanto que se dice Hoy–, si ahora no crees, es que no crees en absoluto. De manera que la palabra de Dios declara que "ahora es el tiempo aceptable, ahora es el día de la salvación"; y "ahora, sin la ley, la justicia de Dios se ha manifestado, testificada por la ley y por los profetas: La justicia de Dios por la fe de Jesucristo, para todos los que creen en Él; porque no hay diferencia; por cuanto todos pecaron, y están destituidos de la gloria de Dios".

¿Crees en Jesucristo como tu Salvador personal, ahora? Puedes responder a lo anterior sin ninguna dilación. Sabes que en realidad, estás respondiendo (en un sentido o en otro). Entonces, agradece al Señor, ahora, porque su justicia se haya manifestado en ti y sobre ti. El Señor no solamente te dice que es así; además testifica del hecho. Testifica "por la ley y por los profetas". Esa ley que transgrediste, la misma que te ha declarado culpable ante Dios, precisamente esa ley, ahora, en virtud de la manifestación de la justicia de Dios, testifica que te has apropiado cabalmente de su justicia, y que por lo tanto, estás justificado por la fe de Jesucristo. Los profetas testifican igualmente de ese bendito hecho. "En el momento en que el pecador cree en Cristo, queda libre de condenación ante Dios, ya que la justicia de Cristo viene a ser suya: la perfecta obediencia de Cristo le es imputada". ¿No es eso suficiente para que ahora digas, si es que nunca antes lo dijiste, que "ahora… la justicia de Dios se ha manifestado" en y sobre ti, que crees ahora en Jesús?

"Siendo justificados gratuitamente por su gracia, por la redención que es en Cristo Jesús; al cual Dios ha propuesto en propiciación por la fe en su sangre, para manifestación de su justicia, atento a haber pasado por alto, en su paciencia, los pecados pasados". ¿Preferirás ahora tener la justicia de Dios, o preferirás tus pecados? Prefieres la primera. Muy bien. Dios "ha propuesto" "ahora" a Cristo "para manifestación de su justicia, atento a haber pasado por alto, en su paciencia, los pecados pasados". ¿Dejarás ahora que se vayan los pecados, en este momento, y tomarás la justicia que se ha propuesto darte, y que te ofrece gratuitamente ahora mismo? "Siendo justificados gratuitamente". "Siendo" es un tiempo verbal presente. "Habiendo sido" sería pasado. "Yendo a ser" sería futuro. Pero "siendo" pertenece al presente. Por lo tanto, el Señor dice virtualmente de ti, y a ti que crees en Él, 'Siendo [ahora, en este momento] justificado gratuitamente por su gracia, mediante la redención realizada por Cristo Jesús,… pasando por alto, en su paciencia, los pecados pasados".

Pero el Señor no termina el asunto ahí; destaca el poder real y la bendición de ese acto feliz. "Con la mira de manifestar la justicia en este tiempo". Primeramente dice que es "ahora" cuando "la justicia de Dios se ha manifestado, para todos los que creen en Él"; luego dice de todos ellos, "siendo justificados gratuitamente"; y después recalca lo anterior con estas palabras: "con la mira de manifestar la justicia en este tiempo". ¡Oh, pobre alma temblorosa y dubitativa! ¿No te ofrece eso la suficiente seguridad de que ahora, en este momento, es tuya la justicia de Dios? ¿que ahora estás siendo justificado gratuitamente por su gracia? ¿que ahora, "en este tiempo", te ha sido manifestada la justicia de Dios para remisión de todos tus pecados pasados?

¿Acaso eso no te basta? Le basta al Señor, ya que dice: "Con la mira de manifestar su justicia en este tiempo: para que Él sea el justo, y el que justifica al que es de la fe de Jesús". Por lo tanto, si es suficiente para satisfacer plenamente al Señor, ¿no lo va a ser para satisfacerte a ti? ¿Te apropiarás ahora de la plenitud de ese bendito "don de la justicia" que es vida, de tal manera que el Señor, viendo "del trabajo de su alma" sea saciado, y que al ver tu gozo, sea doblemente satisfecho? Eso es todo cuanto pide de ti. Porque "al que no obra, pero cree en aquel que justifica al impío, la fe le es contada por justicia".

He aquí la palabra de Dios, la palabra de justicia, la palabra de vida para ti hoy, ahora. ¿Serás hecho justo por ella ahora? ¿Vivirás ahora por ella? Eso es justificación por la fe. Es la cosa más simple del mundo. Tan sencillo como si la palabra de Dios será verdadera para ti "ahora", o no. Dios dijo a Abraham, "mira ahora a los cielos, y cuenta las estrellas, si las puedes contar. Y le dijo: Así será tu simiente. Y creyó a Jehová, y contóselo por justicia". "Y no solamente por él fue escrito que le haya sido imputado; sino también por nosotros, a quienes será imputado, esto es, a los que creemos en el que levantó de los muertos a Jesús Señor nuestro, el cual fue entregado por nuestros delitos, y resucitado para nuestra justificación. Justificados pues por la fe, tenemos paz para con Dios por medio de nuestro Señor Jesucristo". "Ahora", "en este tiempo" es cierto; es cierto en Él. Hoy, ahora, que sea cierto en ti.

Review and Herald, 10 noviembre 1896

Capítulo 20—Gálatas 1:3-5

Alonzo T. Jones

"Gracia sea a vosotros, y paz de Dios el Padre, y de nuestro Señor Jesucristo, el cual se dio a sí mismo por nuestros pecados para librarnos de este presente siglo malo, conforme a la voluntad de Dios el Padre, y de nuestro Señor Jesucristo; al cual sea la gloria por siglos de siglos. Amén".

"Gracia sea a vosotros, y paz de Dios el Padre, y de nuestro Señor Jesucristo". Ese es el saludo de todas las cartas de Pablo, excepto la dirigida a los hebreos. También las dos de Pedro contienen el mismo saludo, con ligeras variantes.

Sin embargo, de ninguna manera constituye una mera formalidad. Esas epístolas nos han llegado como la palabra de Dios que en realidad son. El saludo, pues, aunque repetido –o más bien debido a que se lo repite–, nos llega como palabra de Dios de bienvenida y confianza plena en su favor y paz, eternamente declarados a toda alma.

Gracia significa favor. Esa palabra de Dios, por lo tanto, extiende su favor a toda alma que la lea o escuche.

Su nombre es 'misericordioso' y 'compasivo' –que da su favor o gracia. Su nombre no es otra cosa que lo que Él es. Y "es el mismo ayer, y hoy, y por los siglos". En Él, "no hay mudanza, ni sombra de variación". Por lo tanto, administra siempre a toda alma su gracia, o favor ilimitado. ¡Oh, si todos pudieran creerlo!

"Y paz". Él es "el Dios de paz". No existe la paz verdadera, fuera de la que viene de Dios. "No hay paz, dijo mi Dios, para los impíos". "Los impíos son como la mar en tempestad, que no puede estarse quieta".

Pero todo el mundo yacía en la maldad, por lo tanto, el Dios de paz proclama paz a toda alma. Cristo, el Príncipe de paz, "nuestra paz", hizo uno de ambos: Dios y el hombre, aboliendo en su carne las enemistades para constituir a ambos –Dios y el hombre– en un nuevo hombre, haciendo así la paz, o "pacificando por la sangre de su cruz" (Efe. 2:14,15; Col. 1:20). Y habiendo hecho la pacificación por la sangre de su cruz, "vino, y anunció la paz a vosotros que estabais lejos, y a los que estaban cerca", diciendo: 'Paz a vosotros'. ¡La paz de Dios el Padre, y de nuestro Señor Jesucristo!

¡Oh, si cada uno decidiera creerlo, de manera que la paz de Dios, que sobrepasa todo entendimiento, guardase su corazón y mente mediante Cristo Jesús!

"Y la paz de Dios gobierne en vuestros corazones". Permítele que así sea; es todo cuanto pide de ti. No la rechaces ni menosprecies. Acéptala.

"El cual se dio a sí mismo por nuestros PECADOS". Oh hermano, hermana; pecador, cualquiera que seas; cargado de pecados como puedas estar, Cristo se dio a sí mismo por tus pecados. Permítele que los tome. El los compró con el tremendo precio de su yo crucificado. Déjale que tome tus pecados.

No te pide que abandones todos tus pecados antes de poder acudir a Él y ser enteramente suyo. Te pide que vayas a Él, con pecados y todo, y que seas enteramente suyo, pecados incluidos; y Él quitará de ti todos tus pecados por siempre. Se dio a sí mismo por ti, pecados y todo; te compró con todos tus pecados; permite que Él tenga lo que compró, que pueda disponer de su posesión; que pueda tenerte, pecados incluidos.

Él "se dio a sí mismo por nuestros pecados para librarnos de este presente siglo malo". Observa que para librarnos de este presente siglo malo, se dio a sí mismo por nuestros pecados. Eso muestra que todo lo que hay contra nosotros en este presente siglo malo, está precisamente en nuestros pecados.

Y fueron nuestros pecados. Nos pertenecían. Éramos responsables por los mismos. Y en lo referente a nosotros, este presente siglo malo está en nuestro yo personal, en nuestros pecados. Pero, bendito sea el Señor, se dio a sí mismo por nosotros, incluyendo nuestros pecados; se dio a sí mismo por nuestros pecados, nosotros incluidos; y eso lo hizo a fin de poder librarnos de este presente siglo malo.

¿Quieres verte librado de este presente siglo malo? Permítele que te tome, con tus pecados –que él compró, y que por lo tanto, le pertenecen en derecho. No vayas a robarle aquello que es su propiedad, para continuar así en este presente siglo malo, mientras dices que quieres ser librado de él. Por favor, no cometas el pecado adicional de retener aquello que no es tuyo.

Puesto que eran nuestros pecados, y Él se dio a sí mismo por ellos, salta a la vista que se dio a nosotros por nuestros pecados. Por lo tanto, si se dio por tus pecados, éstos se hicieron suyos; y si se dio a ti por tus pecados, Él se hizo tuyo. Permítele tener tus pecados, que son suyos, y tómalo a Él a cambio, que es tuyo. Bendito intercambio, ya que en Él hallas, como tu propiedad, toda la plenitud de la divinidad corporalmente; y todo ello "conforme a la voluntad de Dios". Gracias al Señor por que así sea.

"Al cual sea la gloria por siglos de siglos. Amén".

Review and Herald, 29 agosto 1899

Capítulo 21—Gálatas 2:20

Alonzo T. Jones

"Con Cristo estoy juntamente crucificado, y vivo, no ya yo, mas vive Cristo en mí: y lo que ahora vivo en la carne, lo vivo en le fe del Hijo de Dios, el cual me amó, y se entregó a sí mismo por mí".

Quizá podamos destacar lo que esa escritura dice, a partir del análisis de aquello que no dice. No dice 'con Cristo quiero estar juntamente crucificado'. No dice 'con Cristo me gustaría estar juntamente crucificado, para que pudiese vivir en mí'. Dice: "con Cristo estoy juntamente crucificado".

Tampoco dice que Pablo fuese crucificado con Cristo, que Cristo viviese en Pablo, ni que el Hijo de Dios amó a Pablo y se dio por él. Todo lo anterior es muy cierto, pero no es lo que esa escritura dice; no es eso lo que quiere decir, ya que quiere decir exactamente lo que dice. Y dice: "Con Cristo [yo] estoy juntamente crucificado, y [yo] vivo, no ya yo, mas vive Cristo en mí: y lo que ahora vivo en la carne, lo vivo en le fe del Hijo de Dios, el cual me amó, y se entregó a sí mismo por mí".

Ese versículo viene a ser así un sólido y maravilloso fundamento de la fe cristiana para toda alma en el mundo. De esa manera, toda alma puede decir, en la plena confianza de la fe cristiana: "[el Hijo de Dios] me amó". "Se entregó a sí mismo por mí". "Con Cristo estoy juntamente crucificado". "Vive Cristo en mí" (ver también 1 Juan 4:15).

El que un alma diga "con Cristo estoy juntamente crucificado", no constituye una afirmación aventurada. No está en el terreno de la mera suposición. No está diciendo algo de lo que no exista certeza. Toda alma en este mundo puede decir, con toda verdad y sinceridad, "con Cristo estoy juntamente crucificado". No es más que la aceptación de un hecho, de algo que ocurrió ya; la constatación de lo cierto.

Cristo fue crucificado, eso es un hecho. Y cuando fue crucificado, también lo fuimos nosotros, ya que Él era uno de nosotros. Su nombre es Emmanuel, que significa "Dios con nosotros" –no Dios con Él, sino

Dios con nosotros. Y si Dios con Él no fue Dios con Él, sino Dios con nosotros, entonces ¿quién era Él, sino nosotros? Tuvo necesariamente que ser nosotros, a fin de que Dios con Él pudiese ser, no Dios con Él, sino "Dios con nosotros". Cuando fue crucificado, por lo tanto, ¿quién, sino nosotros, fue crucificado?

Tal es la poderosa verdad anunciada en ese texto. Jesucristo fue "nosotros". Fue de la misma carne y sangre que nosotros. Fue de nuestra misma naturaleza. Fue en todo como nosotros. "Por lo cual, debía ser en todo semejante a los hermanos". "Se anonadó a sí mismo… hecho semejante a los hombres". Fue "el postrer Adán". Y precisamente de igual forma en que el primer Adán fue nosotros, así lo fue Cristo, el postrero. Cuando el primer Adán murió, nosotros, estando implicados en él, morimos con él. Y cuando el postrer Adán fue crucificado –siendo que Él era nosotros y que nosotros estábamos implicados en Él–, fuimos crucificados con Él. Lo mismo que el primer Adán era en él mismo toda la raza humana, también el postrero era en Él mismo la totalidad de nuestra raza. Siendo así, cuando el postrer Adán fue crucificado, toda la raza humana –la vieja y pecaminosa naturaleza humana– fue crucificada con Él. Por lo tanto, leemos: "Sabiendo esto, que nuestro viejo hombre juntamente fue crucificado con Él, para que el cuerpo del pecado sea deshecho, a fin de que no sirvamos más al pecado".

Así pues, toda alma en este mundo puede decir con verdad, en la perfecta victoria de la fe cristiana, "con Cristo estoy juntamente crucificado"; 'mi vieja naturaleza humana pecaminosa está juntamente crucificada con Él, para que sea destruido el cuerpo del pecado, a fin de que no sirva más al pecado' (Rom. 6:6). 'Y ya no vivo yo, sino que vive Cristo en mí', "llevando siempre por todas partes la muerte de Jesús en el cuerpo [la crucifixión del Señor Jesús, ya que con Él estoy juntamente crucificado], para que también la vida de Jesús sea manifestada en nuestros cuerpos. Porque nosotros que vivimos, siempre estamos entregados a muerte por Jesús, para que también la vida de Jesús sea manifestada en nuestros cuerpos" (2 Cor. 4:10,11). Por lo tanto, "lo que ahora vivo en la carne, lo vivo en la fe del Hijo de Dios, el cual me amó, y se entregó a sí mismo por mí".

En el bendito hecho de la crucifixión del Señor Jesús, cumplida para todo ser humano, no solamente radica el fundamento de la fe para toda alma, sino que además provee el don de la fe a toda alma. Así, la cruz de Cristo no es solamente sabiduría de Dios revelada a nosotros, sino que es el mismo poder de Dios manifestado para librarnos de todo pecado, y para llevarnos a Dios.

Oh pecador, hermano, hermana: Créelo. Recíbelo. Ríndete a esa poderosa verdad. Dilo, dilo en plena seguridad de fe, y dilo por siempre: "Con Cristo estoy juntamente crucificado, y vivo, no ya yo, mas vive Cristo en mí: y lo que ahora vivo en la carne, lo vivo en le fe del Hijo de Dios, el cual me amó, y se entregó a sí mismo por mí". Dilo, porque es la verdad, la pura verdad y poder de Dios, que salvan al alma de todo pecado.

Review and Herald, 24 octubre 1899

Capítulo 22—Gálatas 3:10-14

Alonzo T. Jones

"Cristo nos redimió de la maldición de la ley, hecho por nosotros maldición; (porque está escrito: Maldito cualquiera que es colgado en madero); para que la bendición de Abraham fuese sobre los gentiles en Cristo Jesús; para que por la fe recibamos la promesa del Espíritu".

La maldición de la ley, toda la maldición que jamás hubiese o pudiera haber, se debe sencillamente al pecado. Eso está claramente ilustrado en Zacarías 5:1-4. El profeta contempló "un rollo que volaba... de veinte codos de largo, y diez codos de ancho". El Señor le dijo: "ésta es la maldición que sale sobre la haz de toda la tierra". Es decir, ese pergamino o rollo, representa la totalidad de la maldición que pesa sobre la tierra.

Y ¿cuál es la causa de esa maldición que sale sobre la haz de toda la tierra? -"Porque todo aquel que hurta, (como está de la una parte del rollo) será destruido; y todo aquel que jura, (como está de la otra parte del rollo) será destruido". El rollo es la ley de Dios. Se cita un mandamiento de cada una de las tablas, para mostrar que el rollo incluye a ambas. Todo aquel que roba -que transgrede la ley en lo referente a la segunda tabla- será destruido de acuerdo con esa parte de la ley; y todo aquel que jura -transgrede en relación con la primera tabla de la ley- será destruido de acuerdo con esa otra parte de la ley.

Los anotadores celestiales no tienen necesidad de escribir un registro pormenorizado de los pecados particulares de cada uno; basta con apuntar, en el rollo asignado a cada hombre, el mandamiento que ha sido particularmente violado en cada transgresión. Que ese rollo de la ley va acompañando a cada uno allá donde él vaya, hasta permanecer en su misma casa, lo atestiguan las palabras: "Yo la saqué, dice Jehová de los ejércitos, y vendrá a la casa del ladrón, y a la casa del que jura falsamente en mi nombre; y permanecerá en medio de su casa". Y a menos que se encuentre un remedio, ese rollo de la ley permanecerá allí hasta que la maldición consuma a ese hombre y a su casa, "con sus enmaderamientos y sus piedras", es decir, hasta que la maldición devore la tierra en aquel gran día en que los elementos, ardiendo, serán consumidos, "ya que... la potencia del pecado" y la maldición, es "la ley" (1 Cor. 15:56).

Pero a Dios gracias, "Cristo nos redimió de la maldición de la ley, hecho por nosotros maldición". Todo el peso de la maldición cayó sobre Él, ya que "Jehová cargó en Él el pecado de todos nosotros". "Al que no conoció pecado, hizo pecado por nosotros". Y aquel que lo recibe, recibe también libertad de todo pecado, y si queda libre de todo pecado, queda también libre de toda maldición.

Nótese hasta qué punto llevó Cristo toda la maldición: Cuando el hombre pecó, la tierra fue maldita y produjo espinos y cardos (Gén. 3:17,18). El Señor Jesús, al redimir de la maldición a todas las cosas, llevó la corona de espinas, redimiendo así de la maldición ambos, el hombre y la tierra. Bendito sea su nombre. La obra fue consumada. "Nos redimió de la maldición". Gracias al Señor. Fue hecho maldición por nosotros, ya que estuvo colgado del madero.

Y dado que todo eso es un hecho ya cumplido, mediante la cruz de Jesucristo, el don gratuito de Dios a toda alma sobre la tierra es la liberación de la maldición. Cuando un hombre recibe ese don gratuito de la redención de toda maldición, el rollo sigue permaneciendo con él, pero gracias al Señor, sin traer ya ninguna maldición, sino testificando "la justicia de Dios por la fe de Jesucristo, para todos los que creen en Él, porque no hay diferencia" (Rom. 3:21,22). El objeto mismo de redimirnos de la maldición es "que la bendición de Abraham fuese sobre los gentiles en Cristo Jesús". La bendición de Abraham es la justicia de Dios, que como ya hemos visto anteriormente, sólo puede proceder de Dios como su don gratuito, recibido por la fe.

Puesto que "todos los que son de las obras de la ley, están bajo de maldición", y que "Cristo nos redimió de la maldición de la ley", está claro que nos redimió de las obras de la ley –que siendo nuestras propias obras, no son sino pecado–; y nos atribuyó por su gracia, las obras de Dios –que siendo las obras de la fe, que es el don de Dios, no son sino justicia. Leemos en Juan 6:29: "Ésta es la obra de Dios, que creáis en el que Él ha enviado". Eso es verdadero descanso, reposo celestial, el reposo de Dios. "El que ha entrado en su reposo, también él ha reposado de sus obras, como Dios de las suyas" (Heb. 4:10).

Así, "Cristo nos redimió de la maldición de la ley", y de la maldición de nuestras propias obras, a fin de que la bendición de Abraham, que es la justicia y las obras de Dios, "fuese sobre los gentiles en Cristo Jesús". Y todo ello "para que por la fe recibamos la promesa del Espíritu". "Ahora pues, ninguna condenación hay para los que están en Cristo Jesús, los que no andan conforma a la carne, mas conforme al espíritu. Porque la ley del Espíritu de vida en Cristo Jesús me ha librado de la ley del pecado y de la muerte". Y "Lo que era imposible a la ley, por cuanto era débil por la carne, Dios enviando a su Hijo en semejanza de carne de pecado, y a causa del pecado, condenó al pecado en la carne; para que la justicia de la ley fuese cumplida en nosotros, que no andamos conforme a la carne, mas conforme al espíritu" (Rom. 8:1-4).

A Dios sean dadas gracias por el inefable don de su propia justicia, en lugar de nuestros pecados; y de sus propias obras de la fe en lugar de las nuestras de la ley. Ese don inefable nos fue otorgado en la redención que es en Cristo Jesús, quien "nos redimió de la maldición de la ley, hecho por nosotros maldición".

Review and Herald, 19 diciembre 1899

Capítulo 23—Gálatas 5:3

Alonzo T. Jones

"Y otra vez vuelvo a protestar a todo hombre que se circuncidare, que está obligado a hacer toda la ley". [Nuevo Testamento Interlineal: "deudor es"].

Es curioso que muchos, al considerar esta amonestación, han hecho distinción entre dos leyes, y han excluido la ley de Dios del asunto en consideración, dando a la palabra "deudor" el sentido restringido de "obligado a hacer".

Saben por las Escrituras que temer a Dios y guardar sus mandamientos es el todo del hombre. Saben que nada en las Escrituras puede contradecir lo anterior. Saben que todo hombre está bajo obligación de guardar toda la ley de Dios, sea que esté o no circuncidado. Y, suponiendo que el término deudor implica meramente la idea de obligación –esto es, que si está circuncidado, está obligado a obedecer toda la ley–, concluyen que la ley de Dios debe estar excluida de ese razonamiento; creen que debe existir alguna ley que nadie está en la obligación de obedecer, a menos que esté circuncidado. Según eso, la expresión "toda la ley" que aparece en ese versículo, debe referirse a la totalidad de la ley ceremonial, consistente en sacrificios y ofrendas.

Por otro lado, están aquellos que no se sienten con la más mínima obligación de guardar la ley de Dios, y que les parece ver en ese texto una justificación para su desobediencia y oposición. Su postura es que solamente los circuncidados están bajo obligación de guardar la ley de Dios, y que es solamente circuncidándose como viene la obligación. Saben que no están de ninguna manera obligados a circuncidarse, y por lo tanto, concluyen que no están obligados a guardar los diez mandamientos.

Ambas posturas están en el error: en ambos casos se deja de apreciar el pensamiento principal del versículo. Y el no apreciarlo se debe a considerar la palabra "deudor" exclusivamente en el sentido de "obligado a hacer".

Es cierto que el término significa "obligación". Pero en ese contexto, y en todo otro lugar en que se presenta referido a las obligaciones morales del hombre, el término tiene un significado tanto más amplio y profundo que el de la simple obligación, que este último pasa a ser realmente secundario.

El término "deudor" en ese versículo de Gálatas 5:3, significa, no solamente que la persona está bajo el deber y obligación de pagar; sino que más allá de eso, está terriblemente endeudado, sin absolutamente nada con qué pagar. Si alguien es deudor, estando por lo tanto en la obligación de pagar, digamos, mil dólares, y resulta ser económicamente solvente, poseyendo la capacidad de realizar el pago, entonces la cosa resulta fácil. Pero si la cantidad adeudada es de cien mil millones de dólares, y está en la obligación de pagarlos sin disponer de un solo centavo, estando además en prisión, y sin la más mínima posibilidad de reunir ningún dinero con el que saldar la deuda, para ese hombre, la palabra "deudor" significará mucho más que estar simplemente "obligado a hacer".

Ese es precisamente el caso aquí considerado. Es la idea central de ese versículo. Tal es el significado implícito en "deudor". Eso es así porque la palabra "deudor", utilizada en su significación moral, puede implicar una sola cosa: el pecado; que el hombre es pecador.

Ese término "deudor" (Gálatas 5:3, N.T. Interlineal, que la Reina Valera traduce como "obligado a hacer"), es precisamente el mismo que se emplea en Lucas 13:4: "O aquellos dieciocho, sobre los cuales cayó la torre en Siloé, y los mató, ¿pensáis que ellos fueron más deudores que todos los hombres que habitan en Jerusalem?".

Es la palabra utilizada por la oración modelo del Señor (Mat. 6:12), "Y perdónanos nuestras deudas, como nosotros perdonamos a nuestros deudores". Significativamente, en la versión escrita por Lucas, emerge claramente la idea de pecado: "Y perdónanos nuestros pecados, porque también nosotros perdonamos a todos los que nos deben" (Luc. 11:4).

Es la misma palabra empleada por el Salvador en Lucas 7:41 y 42: "Un acreedor tenía dos deudores: el uno le debía quinientos denarios, y el otro cincuenta; y no teniendo ellos de qué pagar, perdonó a ambos". Es también la palabra empleada en la parábola de Mateo 18:23-35.

Allí se habla de cierto rey que "quiso hacer cuentas con sus siervos y... le fue presentado uno que le debía diez mil talentos" –la suma del salario medio de unos doscientos mil años de trabajo– y que no tenía nada con qué pagar. Entonces, su señor "le perdonó la deuda". Pero cuando el que había sido perdonado encontró a otro siervo que le debía a él el equivalente al salario de unos cuatro meses, no le perdonó la deuda, sino que lo puso en la cárcel hasta que pagase lo que le debía. El rey llamó entonces al primer hombre, y "le entregó a los verdugos, hasta que pagase todo lo que le debía. Así también hará con vosotros mi Padre celestial, si no perdonareis de vuestros corazones cada uno a su hermano sus ofensas" (Mat. 18:23-35).

El hecho de entregarlo a los verdugos hasta que pague todo lo que debe, va incluido en la palabra. "El término implica la idea de que el deudor debe expiar su culpa". "Al pecado se le denomina 'opheilema' porque incluye el concepto de expiación y pago de la deuda, que se satisface mediante el castigo".

A la luz de lo expuesto, el lector atento comprenderá que las palabras de Gálatas 5:3, "está obligado [deudor] a hacer toda la ley", significan muchísimo más que el simple hecho de estar sujeto a las demandas de la ley, en el sentido de tener que hacer lo mejor posible para obedecerla. No está simplemente en la obligación de reconocer que está bajo la autoridad de la ley de Dios, sino que es realmente un deudor por todas las demandas que la ley hace recaer sobre él. Queda claro que por sí mismo, está condenado a ser eternamente deudor, ya que no tiene absolutamente nada con qué pagar, y por él mismo, no tiene la más mínima posibilidad de generar los recursos necesarios a tal efecto.

Ese endeudamiento no deriva solamente de su obligación de cumplir la ley a partir de ese momento, sino que descansa también en la obligación de proveer satisfacción por todo lo relativo a su pasado, todo lo que se ha ido acumulando hasta ese momento.

De acuerdo con eso, por sí mismo, todo hombre es un eterno deudor. Tal es la implicación de Gálatas 5:3, y de los textos relacionados que se han citado. "Por cuanto todos pecaron, y están destituidos de la gloria de Dios". Cualquiera que pretenda circuncidarse a fin de ser salvo, buscando así la salvación por las obras de la justicia propia, toma sobre sí la obligación de pagar a la ley de Dios todo lo que adeuda, desde el principio de su vida hasta el final de ella. De igual forma, hace recaer sobre sí la obligación de expiar toda la culpa que deriva de sus transgresiones así acumuladas.

Eso es lo que significa 'ser deudor de hacer toda la ley'. Es lo que quieren expresar las palabras: "Y otra vez vuelvo a protestar a todo hombre que se circuncidare, que está obligado [N.T. Interlineal: deudor es] a hacer toda la ley". No es que sea deudor solamente, sino que mediante esa transacción, asume voluntariamente, por sí mismo, toda la carga que grava esa deuda.

Ahora, sucede que todo hombre en el mundo es, por sí mismo, esa clase de deudor. Sucede también que todo el que busque la justificación por sus propias obras, incluso por el cumplimiento de los diez mandamientos, o por el de cualquier otra cosa que el Señor haya ordenado, con ello asume, y viene a ponerse bajo la obligación de pagar todo lo que implica su endeudamiento. El problema es que no puede pagar. No hay en él la más remota posibilidad de pagar por sí mismo la deuda. Está abrumado y perdido.

Pero, a Dios gracias, todo el que posea la justicia de Dios que es por la fe de Jesucristo, todo el que dependa solamente del Señor Jesús y de lo que Él realizó, aunque por él mismo sea deudor como cualquier otro hombre, sin embargo, en Cristo, encuentra provisión abundante para pagar todo lo que debe. Cristo expió y satisfizo, en su castigo, toda la culpabilidad de cada alma; y mediante la justicia de Dios por Él ofrecida, Cristo provee justicia en abundancia con que pagar todas las demandas que la ley pueda hacer en la vida del que cree en Jesús.

Gracias a Dios por el don inefable de las inescrutables riquezas de Cristo. Oh, ¡créelo!, ¡recíbelo! Pobre, abrumado y perdido "deudor", compra de Él "oro afinado en fuego, para que seas hecho rico, y seas vestido de vestiduras blancas". "Venid, compr!d, sin dinero y sin precio".

Review and Herald, 21 agosto 1900

Capítulo 24—Gálatas 5:16-18

Alonzo T. Jones

"Digo pues: Andad en el Espíritu, y no satisfagáis la concupiscencia de la carne. Porque la carne codicia contra el Espíritu, y el Espíritu contra la carne: y estas cosas se oponen la una a la otra, para que no hagáis lo que quisiereis. Mas si sois guiados del Espíritu, no estáis bajo la ley".

"Si sois guiados del Espíritu, no estáis bajo la ley", "porque todos los que son guiados por el Espíritu de Dios, los tales son hijos de Dios". Como hijos de Dios, tienen la mente del Espíritu, la mente de Cristo; y de esa forma, con la mente sirven a la ley de Dios. De modo que todo el que es guiado por el Espíritu de Dios, teniendo así la mente de Cristo, cumple la ley; ya que, mediante ese Espíritu, el amor de Dios se implanta en el corazón. Y el amor de Dios es el cumplimiento de la ley, en todo aquel que lo posee.

Por otra parte, el que es guiado por la carne, teniendo así una mente carnal, cumple las obras de la carne, y sirve así a la ley del pecado.

Las dos opciones, la del Espíritu y la de la carne, están permanentemente a disposición de cada uno. Tan ciertamente como la carne está allí, "codicia contra el Espíritu"; y tan ciertamente como el Espíritu está allí, codicia contra la carne. El que es guiado por la carne, no puede hacer el bien que quiere; sirve al a ley del pecado, y está por lo tanto bajo la ley. Pero "si sois guiados del Espíritu, no estáis bajo la ley".

Y todo hombre es siempre libre de decidir qué camino elegirá –si el del Espíritu, o el de la carne. "Porque si viviereis conforme a la carne, moriréis; mas si por el Espíritu mortificáis las obras de la carne, viviréis" (Rom. 8:13).

Obsérvese que en el texto de Gálatas que estamos considerando, así como en los textos relacionados de Romanos y Colosenses, se expresa de forma inequívoca y enfática el hecho de que la carne, en su verdadera naturaleza carnal, pecaminosa, sigue presente en aquel que tiene el Espíritu de Dios; y que esa carne contiende contra el Espíritu.

Es decir, cuando el hombre se convierte, y es así puesto bajo el poder del Espíritu de Dios, no es más librado de la carne de lo que es separado de ella –con sus tendencias y deseos– de forma que no sea más tentado por la carne, ni tenga más lucha con ella. No; esa misma carne pecaminosa y degenerada está allí, con las tendencias y deseos que le son consustanciales. Pero la persona ya no está más sujeta a ella. Es librado de la sujeción a la carne, con sus tendencias y deseos, para venir ahora a ser sujeto al Espíritu. Está ahora sujeto a un poder que vence, que somete, crucifica, y mantiene dominada a la carne, pecaminosa como es, con todos sus afectos y concupiscencias. Por lo tanto, está escrito que "por el Espíritu mortificáis las obras de la carne". "Por lo tanto, haced morir en vosotros lo terrenal: Fornicación, impureza, pasiones lascivas, malos deseos, y la avaricia, que es idolatría" (Col. 3:5). Obsérvese que todas esas cosas están en la carne, y vivirían y reinarían si fuese la carne la que tomase el control. Pero puesto que la carne misma es puesta en sujeción al poder de Dios –mediante el Espíritu–, todas esas cosas malas son cortadas de raíz, impidiendo que surjan en la vida.

Ese contraste entre el reinado de la carne y el del Espíritu, se expone con claridad en Romanos 7:14-24, y en 1ª de Corintios 9:26 y 27. En el capítulo siete de Romanos se describe al hombre que está bajo el poder de la carne, "carnal, vendido a sujeción del pecado", que anhela hacer el bien, pero está sujeto a un poder en la carne que no le permite hacer el bien que quiere. "Porque no hago el bien que quiero; mas el mal que no quiero, éste hago". "Así que, queriendo yo hacer el bien, hallo esta ley: que el mal está en mí. Porque según el hombre interior, me deleito en la ley de Dios: mas veo otra ley en mis miembros, que se rebela contra la ley de mi espíritu, y que me lleva cautivo a la ley del pecado que está en mis miembros. ¡Miserable hombre de mí! ¿quién me librará del cuerpo de esta muerte?". Eso describe al hombre que está sujeto a la carne, "a la ley del pecado" que está en sus miembros. Aunque quiera romper con el poder de la carne, y desee hacer el bien, ese poder lo sigue manteniendo en cautividad, y la ley del pecado que se halla en sus miembros lo somete bajo el dominio de la carne.

Pero hay liberación de ese poder. Cuando clama "¡Miserable hombre de mí! ¿quién me librará del cuerpo de esta muerte?", instantáneamente se le da la respuesta: "Gracias doy a Dios, por Jesucristo Señor nuestro". Hay una vía de liberación, ya que sólo Jesucristo es el Liberador.

Y ahora, ese hombre, aunque ha sido así liberado, no es liberado de la lucha: no se lo coloca en una situación en la que no deba contender con la carne. Hay una lucha que debe aún continuar, y no es una lucha imaginaria: no es una lucha contra un fantasma. Aquí aparece el hombre de 1ª de Corintios 9:26 y 27: "De esta manera peleo, no como quien hiere al aire". ¿Contra qué pelea? ¿Qué es lo que hiere?: "Antes hiero mi cuerpo y lo pongo en servidumbre; no sea que, habiendo predicado a otros, yo mismo venga a ser reprobado".

Así, en la batalla que libra el cristiano, está su cuerpo, su carne, con sus afectos y concupiscencias. El cristiano debe someter su cuerpo, y tenerlo en sujeción por el nuevo poder del Espíritu de Dios al que está sujeto ahora, y desde que fue librado del poder de la carne y de la ley de pecado.

Eso se expresa aún más claramente en la traducción del N.T. Interlineal: "trato severamente mi cuerpo y lo reduzco a esclavitud". Conybeare & Howson lo tradujeron así: "Peleo, no como el boxeador que golpea al aire, sino que hiero mi cuerpo y lo someto a esclavitud".

El capítulo siete de Romanos describe, pues, al hombre sujeto al poder de la carne y la ley de pecado que hay en los miembros, pero que lucha por liberación. Por el contrario, 1ª de Corintios nueve, describe la carne puesta en sujeción al hombre, mediante el nuevo poder del Espíritu de

Dios. En Romanos siete, la carne reina, y el hombre está sometido a ella. En 1ª de Corintios nueve, es el hombre quien rige, mientras que la carne está sojuzgada.

Esa bendita inversión de las cosas ocurre en la conversión. Mediante la conversión, al hombre le es otorgado el poder de Dios, y es puesto bajo el dominio del Espíritu de Dios, de tal forma que, por ese poder, se le concede control sobre la carne, con todos sus afectos y malos deseos; y, mediante el Espíritu, crucifica la carne con sus afectos y concupiscencias, en su pelear "la buena batalla de la fe".

El hombre no es salvado al ser librado de la carne, sino al recibir el poder para vencer y ejercer dominio sobre todas las tendencias pecaminosas y los deseos de la carne. El hombre no desarrolla el carácter (de hecho, nunca podría hacerlo) siendo colocado en un terreno exento de tentación, sino recibiendo poder, exactamente en el mismo terreno de la tentación en donde se hallaba anteriormente, para que conquiste toda tentación.

Si el hombre fuese salvo siendo liberado de la carne –en la verdadera condición de ésta–, entonces Jesús no necesitaba haber venido jamás al mundo. Si los hombres fuesen salvos eximiéndoles de toda tentación –siendo puestos en un terreno libre de tentaciones–, entonces Jesús no habría jamás tenido por qué venir al mundo. Nunca, en los supuestos anteriores, habría podido el hombre desarrollar su carácter. Por consiguiente, lejos de procurar salvar al hombre liberándolo de la carne, en el estado en que ésta estaba, Jesús vino al mundo, y se puso a sí mismo EN LA CARNE, precisamente en la carne que el hombre posee, y contendió con esa carne, tal como es ésta, con todas sus tendencias y deseos; y por el divino poder que trajo por la fe, "condenó al pecado en la carne", y trajo así a toda la raza humana esa divina fe que otorga al hombre el poder divino a fin de liberarlo del poder del pecado y de la ley de pecado, allí en donde se halla, y para darle amplio dominio sobre la carne, tal como ésta es.

En lugar de salvar al hombre de tal forma que éste hubiese quedado incompleto y desprovisto de carácter, situándolo en un terreno libre de tentación, vino al hombre, precisamente allí donde el hombre estaba, en medio de todas sus tentaciones. Jesús vino en la misma carne que el hombre posee, y en esa carne, enfrentó todas las tentaciones que esa carne conoce, conquistando cada una de ellas, y trayendo con eso la victoria a toda alma en el mundo. Bendito sea su nombre.

Y toda alma que reciba y guarde "la fe de Jesús" puede disfrutar esa victoria en su plenitud. "Y esta es la victoria que vence al mundo, nuestra fe".

Review and Herald, 18 septiembre 1900

Capítulo 25—Gálatas 5:22-26

Alonzo T. Jones

"Mas el fruto del Espíritu es: caridad, gozo, paz, tolerancia, benignidad, bondad, fe, mansedumbre, templanza: contra tales cosas no hay ley. Porque los que son de Cristo, han crucificado la carne con los afectos y concupiscencias. Si vivimos en el Espíritu, andemos también en el Espíritu. No seamos codiciosos de vana gloria, irritando los unos a los otros, envidiándose los unos a los otros".

Hemos visto algo sobre la maldad y el engaño intrínsecos a las obras de la carne. Pero gracias al Señor, hay algo mejor.

El Espíritu de Dios en su plenitud, otorgado ampliamente a todo creyente, combate contra la carne, de manera que en aquel que es guiado por el Espíritu de Dios, la carne no puede hacer las cosas que querría. El Espíritu es en él el poder controlador, produciendo en la vida "el fruto del Espíritu", no "las obras de la carne".

Y aunque sea cierto "que los que hacen tales cosas" como las especificadas en la lista de las obras de la carne "no heredarán el reino de Dios"; mediante el don del Espíritu Santo, por la gracia de Cristo, Dios hizo completa provisión a fin de que toda alma, a pesar de todas sus pasiones, concupiscencias, deseos e inclinaciones de la carne, pueda heredar el reino de Dios.

En Cristo, la batalla se peleó en todo punto, habiendo obtenido completa victoria. Él mismo fue hecho carne –la misma carne y sangre de aquellos a quienes vino a redimir. Fue hecho en todo semejante a ellos; "tentado en todo según nuestra semejanza". Si en algún punto no hubiese sido hecho como nosotros, entonces en ese punto, no habría podido ser tentado como lo somos nosotros.

Él se pudo "compadecer de nuestras flaquezas", debido a que fue "tentado en todo según nuestra semejanza". Cuando fue tentado, sintió los deseos y las inclinaciones de la carne, precisamente de la forma en que nosotros las sentimos al ser tentados. "Cada uno es tentado, cuando de su propia concupiscencia [los deseos e inclinaciones propios de la carne] es atraído, y cebado" (Sant. 1:14). Todo eso, Jesús pudo exerimentarlo sin pecar, ya que la tentación no es pecado. Es solamente después que la concupiscencia ha concebido –cuando el deseo ha sido acariciado, la inclinación consentida– que "pare el pecado". Y Jesús, ni siquiera en un solo pensamiento acarició ni consintió un deseo o inclinación de la carne. Así, en una carne como la nuestra, fue tentado en todo punto como nosotros, pero sin una sola mancha de pecado.

Por el poder divino que recibió mediante la fe en Dios, Él, en nuestra carne, reprimió completamente toda inclinación, y cortó de raíz todo deseo de esa carne, de forma que "condenó al pecado en la carne". Con ello, trajo la victoria completa y el poder divino para mantenerla, a toda alma en el mundo. Todo eso lo hizo "para que la justicia de la ley fuese cumplida en nosotros, que no andamos conforme a la carne, mas conforme al espíritu".

En Cristo Jesús, está al alcance de toda alma esa victoria, en su plenitud. Se la recibe por la fe en Jesús. Se cumple y mantiene por "la fe de Jesús", que Él perfeccionó y que da a todo el que en Él cree. "Esta es la victoria que vence al mundo, nuestra fe".

"Dirimiendo en su carne las enemistades" que separaban al hombre de Dios (Efe. 2:15). Para tal fin, tomó la carne –sólo así pudo ser– en la que existía tal enemistad. Y dirimió o abolió "en su carne las enemistades", "para edificar en sí mismo los dos [Dios, y el hombre enemistado] en un nuevo hombre, haciendo la paz".

Cristo abolió en su carne las enemistades, "para reconciliar por la cruz a ambos [judíos y gentiles –todo el género humano sujeto al enemigo–] con Dios en un mismo cuerpo, matando en ella [su carne] las enemistades" (Efe. 2:16). La enemistad estaba en Él mismo, al estar en su carne. Y "en su carne", la dirimió o abolió. Solamente estando "en su carne" pudo hacer tal cosa.

Jesús tomó sobre sí la maldición en su plenitud, tal como ésta afecta a la raza humana. Eso sucedió cuando fue "hecho por nosotros maldición". Pero "la maldición sin causa nunca vendrá", ni vino nunca: el pecado es la causa de la maldición. Él fue hecho maldición por nosotros, a causa de nuestros pecados. Y a fin de poder afrontar la maldición tal como pesa sobre nosotros, debió afrontar el pecado, tal como es en nosotros. Así pues, "al que no conoció pecado, hizo pecado por nosotros". Y eso "para que nosotros fuésemos hechos justicia de Dios en Él" (2 Cor. 5:21).

Y aunque se colocó enteramente en la misma situación de gran desventaja en la que está la raza humana –hecho en todo como nosotros, y por lo tanto tentado en todo como nosotros–, sin embargo, ni en un solo pensamiento consintió que una sola tendencia o inclinación de la carne gozaran del más mínimo reconocimiento, sino que fueron todas ellas cortadas de raíz por el poder de Dios, que, mediante la fe divina, trajo a la humanidad.

"Así que, por cuanto los hijos participaron de carne y sangre, Él también participó de lo mismo, para destruir por la muerte al que tenía el imperio de la muerte, es a saber, al diablo, y librar a los que por el temor de la muerte estaban por toda la vida sujetos a servidumbre. Porque ciertamente no tomó a los ángeles, sino a la simiente de Abraham tomó. Por lo cual, debía ser en todo semejante a los hermanos, para venir a ser misericordioso y fiel Pontífice en lo que es para con Dios, para expiar los pecados del pueblo. Porque en cuanto Él mismo padeció siendo tentado, es poderoso para socorrer a los que son tentados" (Heb. 2:14-18).

Y esa victoria que Cristo obró en carne humana, el Espíritu Santo la trae para rescatar a todo aquel que, estando en carne humana, cree hoy en Jesús. Mediante el Espíritu Santo, la presencia misma de Cristo viene al creyente; ya que es su constante deseo el "que os de, conforme a las riquezas de su gloria, el ser corroborados con potencia en el hombre interior por su Espíritu. Que habite Cristo por la fe en vuestros corazones; para que, arraigados y fundados en amor, podáis bien comprender con todos los santos cuál sea la anchura y la longura y la profundidad y la altura, y conocer el amor de Cristo, que excede a todo conocimiento, para que seáis llenos de toda la plenitud de Dios" (Efe. 3:16-19).

Así, la liberación de la culpabilidad del pecado, y del poder de éste, que hace que el creyente triunfe sobre todos los deseos, tendencias e inclinaciones de su carne pecaminosa, por el poder del Espíritu de Dios, tiene hoy lugar por la presencia personal de Cristo Jesús en carne humana en el creyente, tal como sucedió con la presencia personal de Cristo en carne humana, hace dos mil años.

Cristo "es el mismo ayer, y hoy, y por los siglos". Tal sucede con su evangelio. El evangelio de Cristo es hoy el mismo que hace dos mil años. Entonces era "Dios… manifestado en carne"; hoy también: Dios manifestado en la misma carne, en la carne de hombres pecaminosos, carne humana, tal como es la naturaleza humana.

El evangelio es "Cristo en vosotros, la esperanza de gloria", –Cristo en ti, tal como eres, pecados y pecaminosidad incluidos; ya que se dio a sí mismo por nuestros pecados, y por nuestra pecaminosidad. Cristo te compró tal como eres, y Dios te hizo acepto en el Amado. Te ha recibido tal como eres, y el evangelio –Cristo en ti, la esperanza de gloria– te pone bajo el reino de la gracia de Dios y, por su Espíritu, te sujeta de tal manera al poder de Cristo y de Dios, que aparece en ti "el fruto del espíritu", no "las obras de la carne".

Y el fruto del Espíritu es:

AMOR. "El amor de Dios está derramado en nuestros corazones por el Espíritu Santo que nos es dado". En lugar de dar lugar al odio –siquiera en pensamiento–, o cualquier sentimiento afín, nadie puede hacer contra ti nada que logre despertar otra cosa que no sea amor. Ese amor, proviniendo de Dios, "es el mismo ayer, y hoy, y por los siglos", y no ama por recompensa, sino simplemente porque ama, porque es amor, y siendo sólo eso, no puede hacer otra cosa.

GOZO. "Es la felicidad desbordante que surge del bien presente o futuro". Pero en este caso, la disyunción queda descartada, ya que se trata de felicidad desbordante surgida del bien actual Y TAMBIÉN del que se espera, debido a que la causa del mismo es eterna. En consecuencia, es eternamente presente, y eternamente esperado. Es "satisfacción exultante".

PAZ. Perfecta paz que reina en el corazón. "La paz de Dios, que supera todo entendimiento"; y que guarda el corazón y la mente de todo aquel que la posee.

TOLERANCIA, BENIGNIDAD, BONDAD, FE. Esa fe –del griego pistis–, es "la firme persuasión; la convicción basada en la confianza, NO en el conocimiento [la fe "del corazón", no de la cabeza; la fe de Cristo, no la del credo]; sólida confianza, alimentada por la convicción, que supera lo que se opone o contradice".

MANSEDUMBRE, TEMPLANZA. La templanza es dominio propio. El Espíritu de Dios libera al hombre de la esclavitud a sus pasiones, concupiscencias y hábitos, y lo hace libre, dueño de sí.

"Contra tales cosas no hay ley". La ley de Dios no va contra otra cosa que no sea el pecado. En la vida de los hombres, la ley de Dios va contra todo lo que no sea el fruto del Espíritu de Dios. Por lo tanto, todo lo que en la vida del hombre no es fruto del Espíritu, es pecado. Eso no es más que otra forma de decir que "todo lo que no es de fe, es pecado".

Así, "si vivimos en el Espíritu, andemos también en el Espíritu". Y puesto que vivimos y andamos en el Espíritu, "no seamos" –Sí, no seremos, no podemos ser– "codiciosos de vana gloria, irritando los unos a los otros, envidiándose los unos a los otros".

Review and Herald, 2 octubre 1900

Capítulo 26—La Perfección Cristiana

Alonzo T. Jones

"Sed, pues, vosotros perfectos". El himno que acabamos de cantar, "Salvo en los tiernos brazos", procura el terreno apropiado para el texto de Mateo 5:48. Sabéis que eso es lo que la Palabra de Dios dice. Conocéis la exhortación de Hebreos 6:1 a ir "adelante a la perfección". Sabéis que el evangelio, la predicación del evangelio que vosotros y yo anunciamos, tiene por fin "que presentemos a todo hombre perfecto en Cristo Jesús" (Col. 1:28). Por lo tanto, jamás diremos que no se espera de nosotros la perfección. Debes esperarla de ti mismo. La debo esperar de mí. Y no debo aceptar nada de mí, o en mí, que no alcance la norma de la perfección por Dios establecida. ¿Qué otra cosa podría impedirnos más eficazmente el alcanzar la perfección, que pensar que tal cosa no se espera de nosotros? Repito, ¿qué podría impediros más efectivamente a vosotros y a mí el alcanzar la perfección, sino el decir que no se espera que seamos perfectos?

Por lo tanto, puesto que la Palabra de Dios establece claramente que vosotros y yo debemos ser perfectos, lo único que debemos considerar es el camino para lograrlo. Nada más. Debemos comprender claramente que la perfección, nada menos que la perfección tal como Dios la ha establecido, es lo que se espera de vosotros y de mí. Y que no aceptaremos nada en nosotros mismos, en lo que hemos hecho, ni en nada que tenga que ver con nosotros, que deje de alcanzar la perfección tal como Dios la estableció, aunque sea por el espesor de un cabello. Eso debe ser para nosotros algo muy claro, claro por siempre. Entonces, investiguemos simplemente el camino, y el hecho se cumplirá.

¿Cuál es, pues, la norma? ¿Cuál es la norma establecida por Dios? "Sed, pues, vosotros perfectos, como vuestro Padre que está en los cielos es perfecto". La perfección de Dios es la única norma. A ella tenemos que referirnos, y permanecer ante nosotros mismos demandándonos siempre perfección como la de Dios; y no debemos manifestar el más mínimo ánimo de excusar o disculpar en nosotros aquello que deje de alcanzar dicha perfección en el grado que sea.

Está claro que no podemos ser perfectos en grandeza, como lo es Dios, tampoco en omnipotencia ni omnisciencia. Dios es carácter, y lo que ha establecido para vosotros y para mí es perfección del carácter como la del suyo, aquello a lo que llegaremos, lo único que debemos esperar, y lo único que hemos de aceptar en nosotros mismos. Si la que debemos tener es la misma perfección de Dios, y tal es la única que aceptamos en nosotros; si nos mantenemos siempre en esa norma, os daréis cuenta de que eso significa el tenernos constantemente ante la presencia del juicio de Dios. Ahí es donde cada uno de nosotros espera estar, seamos justos o malvados. ¿Por qué, pues, no ir ya allí de una vez por todas? Está establecido que vosotros y yo comparezcamos ante el tribunal de juicio de Cristo, y allí cada uno de nosotros será medido de acuerdo con esa norma. Dios "ha establecido un día, en el cual ha de juzgar al mundo con justicia, por aquel varón al cual determinó; dando fe a todos con haberle levantado de los muertos" (Hech. 17:31).

La resurrección de Cristo es la garantía que Dios da al mundo de que todo hombre comparecerá ante el tribunal de juicio de Cristo. Es un hecho cierto. Lo esperamos, lo predicamos, lo creemos. Entonces, ¿por qué no emplazarnos ahí, y permanecer en esa situación? ¿por qué esperar? Quienes esperan, y continúan esperando, no podrán entonces tenerse en pie. El impío no podrá resistir en ese juicio; pero aquellos que se emplazan ante el tribunal de juicio de Dios, afrontando la norma del juicio, y se mantienen allí constantemente en pensamiento, palabra y acción, están preparados para el juicio en cualquier momento. ¿Preparados? –Lo tienen, están allí, lo están pasando, están invitando al juicio, y a todo lo que éste conlleva. Están allí esperando pasarlo, y sólo quien actúa así, puede estar seguro. La bendición misma que viene con ello es toda la recompensa que una persona necesita para emplazarse ahora mismo ante el tribunal del juicio. Y estando allí, ¿habrá algo que pueda temer? –Nada. Y ¿qué es lo que echa fuera el temor? –El perfecto amor. Pero el perfecto amor puede solamente venir cuando alcanzamos esa norma perfecta del juicio, en el juicio, y puede ser mantenida solamente permaneciendo allí.

Siendo eso así, investiguemos el camino para lograrlo. El camino, esa es la clave. Ha quedado claro que yo no soy la norma. ¡Pensad en ello! "Sed, pues, vosotros perfectos, como vuestro Padre que está en los cielos es perfecto". Su perfección es la única norma. Ahora, ¿qué medida, o qué estimación de la norma es la apropiada? No es la mía, puesto que yo no puedo medir la perfección de Dios. Probablemente esté acudiendo a vuestra mente el Salmo 119:96: "A toda perfección veo límite, pero, ¡cuán inmensos son tus mandamientos!".

Ninguna mente finita puede medir la perfección de Dios. Por lo tanto, queda claro que debemos ser perfectos, que nuestra perfección debe ser como la suya, y que lo ha de ser de acuerdo con su propia estimación de la perfección suya. Eso aleja de vosotros y de mí todo el plan, y todo lo que tenga que ver con él, en cuanto a la realización del mismo. Si no puedo medir la norma, ¿como podré procurarla, incluso suponiendo que se me diese lo necesario para hacerlo? Así que, en cuanto al hacerlo, quede también claro que está absolutamente fuera de vuestra asignación.

Hace muchísimo tiempo, dijo alguien: "Ciertamente yo conozco que es así: ¿Y cómo se justificará el hombre con Dios? Si quisiere contender con Él, no le podrá responder a una cosa de mil... Si habláremos de su potencia, fuerte por cierto es; si de juicio, ¿quién me emplazará?".

Y si soy emplazado, entonces ¿qué sucede? –"Si yo me justificare, me condenará mi boca". Si me mido de acuerdo con mi propia medida, y sentencio el asunto de acuerdo con ella, al ser puesto a la luz de la estimación de Él, mi estimación resulta ser tan deficiente, que no logro sino condenarme hasta lo sumo. No hay ahí ninguna base para la justificación. "Si me dijere perfecto, esto me hará inicuo".

"Bien que yo fuese íntegro, no conozco mi alma: Reprocharé mi vida". Mi propia norma de integridad, al ser llevada a su presencia, y al ser puesta a la luz de la norma de Él, resultaría tan deficiente que hasta yo mismo la reprocharía. "Aunque me lave con aguas de nieve, y limpie mis manos con la misma limpieza, aún me hundirás en el hoyo, y mis propios vestidos me abominarán" (Job. 9:1,2,19-21,30,31).

Eso es todo cuanto podemos aproximarnos a la norma, suponiendo que nos fuese dado el procurar tal cosa. Por lo tanto, abandonemos por siempre toda idea de que la perfección es algo que nosotros debemos obrar. La perfección es algo que hemos de poseer, no otra cosa. Dios la espera, y ha hecho provisión a tal fin. Es para ello que fuimos creados. El único objeto de nuestra existencia es precisamente ese, ser perfectos según la perfección de Dios. Y recuérdese que debemos ser perfectos de acuerdo con su carácter. Su norma de carácter debe ser la nuestra. Su mismo carácter debe ser el nuestro. No debemos tener uno como el suyo: el suyo mismo debe ser el nuestro. La perfección cristiana no es menos que eso.

Visto que eso es lo que hemos de poseer, todo queda explicado en tres textos. El primero de ellos está en Efesios capítulo uno. Comenzamos por el versículo tercero, para comprender bien el cuarto:

"Bendito el Dios y Padre del Señor nuestro Jesucristo, el cual nos bendijo con toda bendición espiritual en lugares celestiales en Cristo: Según nos escogió en Él antes de la fundación del mundo, [ahora, observad para qué nos escogió; ese fue su objetivo desde antes de la fundación del mundo, al escogeros a vosotros y a mí, y al traernos a esta hora] para que fuésemos santos y sin mancha delante de Él en amor".

Tal es su designio con respecto a nosotros. Es para eso que nos hizo, tal es la razón de nuestra existencia. Hagámonos en este punto una pregunta: Si eso es así, ¿por qué no lo asumimos? ¿por qué no asumimos ahora mismo el objetivo de nuestra existencia, y somos santos y sin mancha delante de Él en amor?

El siguiente texto está en Colosenses 1:19-22: "Por cuanto agradó al Padre que en Él habitase toda plenitud, y por Él reconciliar todas las cosas a sí, pacificando por la sangre de su cruz, así lo que está en la tierra como lo que está en los cielos. A vosotros también, que erais en otro tiempo extraños y enemigos de ánimo en malas obras, ahora empero os ha reconciliado en el cuerpo de su carne por medio de muerte, para haceros santos, y sin mancha, e irreprensibles delante de Él".

Al principio nos hizo para ese propósito. Por el pecado fuimos del todo desviados. Se frustró totalmente el propósito original; pero Él sufrió la cruz: así agradó a Dios y a Cristo, con la finalidad de que se cumpliese su propósito. Lo importante es que mediante su cruz nos reconcilió para que su propósito fuese cumplido en nosotros –el propósito que tuvo desde antes de la fundación del mundo–, de que fuéramos santos y sin mancha ante Él, en amor. La sangre de Cristo, la reconciliación pacificadora que Cristo Jesús trae al mundo, tiene por objeto "haceros santos", es decir, que pueda efectuar aquello que era su designio desde antes de la fundación del mundo: Que pudiera presentaros a vosotros y a mí "santos, y sin mancha, e irreprensibles delante de Él".

El camino a la perfección cristiana es el camino de la cruz, y no hay otro. Quiero decir que no hay otro camino para vosotros y para mí. El camino para traérnosla, el único camino, fue el de la cruz. Cristo transitó por él, y nos trajo la perfección; y la única forma en la que vosotros y yo podremos recibirla es por el camino de la cruz. Su providencia determinó que Él mismo la obrase. El obrarla no es de ninguna manera nuestra asignación.

Ahora obsérvese en Efesios 4:7-13 lo que eso realiza efectivamente, cuán plenamente ha provisto Dios para la necesidad. "Empero a cada uno de nosotros es dada la gracia conforme a la medida del don de Cristo". Ahora pensad: por lo visto hasta aquí en nuestro estudio, ¿qué fue lo que cumplió el don de Cristo? Hizo "la paz mediante la sangre de su cruz", y reconcilió a todos con Dios. Y lo hizo para hacernos lo que designó que debíamos ser, desde antes de la fundación del mundo: "santos, y sin mancha, e irreprensibles delante de Él". Esa es la medida del don de Cristo. Y cumplió el propósito para todos, en el sentido de que abrió el camino para todos. Y a cada uno de nosotros, ahora mismo, nos es dada la gracia según esa misma medida. Por lo tanto, aquello que la cruz nos trajo, poniéndolo a nuestro alcance; la gracia de Dios nos lo da, y lo cumple en nosotros.

Ahora, leámoslo de corrido, y veréis que consiste precisamente en eso, en relación con la perfección misma: "Empero a cada uno de nosotros es dada la gracia conforme a la medida del don de Cristo. Por lo cual dice: Subiendo a lo alto, llevó cautiva la cautividad, y dio dones a los hombres... y Él mismo dio unos, ciertamente apóstoles; y otros, profetas; y otros, evangelistas; y otros, pastores y doctores", ¿para qué? "para perfección de los santos". Hermanos, puesto que tales dones son otorgados con ese propósito, ¿qué estamos haciendo cuando no aceptamos ese propósito, pero anhelamos los dones, y oramos por ellos, y los recibimos –esos dones que cumplen el propósito? ¿Qué estamos haciendo en realidad?

"Para perfección de los santos, para la obra del ministerio, para edificación del cuerpo de Cristo; HASTA" –dados con un objeto; otorgados con un propósito, con un propósito bien marcado y definido, y HASTA que se cumpla ese propósito. Se da "para perfección de los santos", y se da "hasta que todos lleguemos a la unidad de la fe y del conocimiento del Hijo de Dios, a un varón perfecto, a la medida de la edad de la plenitud de Cristo".

La perfección es, pues, el único objetivo. La norma de Dios es la única norma. "Sed, pues, vosotros perfectos, como vuestro Padre que está en los cielos es perfecto". No podemos medirlo; ni lograrlo, si nos fuese dado hacerlo por nosotros mismos. Es el propósito de la creación del hombre, y cuando ese objetivo se frustró por el pecado, Él lo hizo posible para todos, por la sangre de su cruz, y lo asegura a todo creyente mediante los dones del Espíritu Santo.

Así, pregunto de nuevo, ¿por qué no nos atendremos constantemente a la perfección cristiana, sin conformarnos con nada que sea menor que eso?

El versículo 24 de la carta de Judas se relaciona directamente con lo que hemos dicho y leído: "A aquel, pues, que es poderoso para guardaros sin caída, y presentaros delante de su gloria irreprensibles, con grande alegría. Al Dios solo sabio, nuestro Salvador, sea gloria y magnificencia, imperio y potencia, ahora y en todos los siglos. Amén".

"Nos escogió en Él antes de la fundación del mundo para que fuésemos santos y sin mancha delante de Él en amor". Mediante la cruz, lo hizo posible para toda alma, a pesar de que el pecado nos había hecho perder toda posibilidad. Mediante la cruz, compró el derecho de "haceros santos, sin mancha e irreprensibles ante Él". El derecho a hacer tal cosa le corresponde exclusivamente a Él. Vosotros y yo no poseemos ese derecho, suponiendo que estuviese a nuestro alcance el ejercerlo. No podemos realizarlo. Tras haberlo perdido, nada fuera de la cruz del Calvario lo puede restaurar. Y nadie puede pagar el precio del Calvario, excepto Aquel que efectivamente lo pagó. Por lo tanto, el derecho es exclusivamente suyo, en virtud de esa cruz. Ningún otro que no haya sufrido la cruz literal del Calvario, puede tener ningún derecho de asumir el cumplimiento de esa obra. Sólo Él sufrió la cruz: sólo a Él pertenece la obra. Y permanece la palabra: Él "es poderoso". "Es poderoso para… presentaros delante de su gloria irreprensibles". El que fue poderoso para sufrir la cruz, es poderoso para cumplir todo lo que la cruz hizo posible. Así pues, Cristo "es poderoso para… presentaros delante de su gloria irreprensibles, con grande alegría". ¿CUÁNDO? Interesante pregunta. ¿Cuándo?

Precisamente. Él es el mismo ayer, hoy, y por los siglos. Es tan poderoso ahora, como lo fue entonces, o como lo haya sido siempre.

Pero manténgase presente que sólo por el camino de la cruz nos es dado a vosotros o a mí, ahora y siempre. Estudiemos la Palabra, a fin de comprobarlo. Leamos Romanos 5:21, y luego echemos un vistazo al capítulo seis, ya que trata del mismo asunto. Los dos últimos versículos de Romanos 5 dicen: "La ley empero entró para que el pecado creciese; mas cuando el pecado creció, sobrepujó la gracia; para que, de la manera que el pecado reinó para muerte, así también la gracia reine por la justicia, para vida eterna por Jesucristo Señor nuestro".

Ahora detengámonos en la comparación, o más bien el contraste –ya que es una comparación que viene a resultar en un marcado contraste– entre "de la manera que" y "así también": "De la manera que el pecado reinó para muerte". Sabéis cómo reinó el pecado. Todos los presentes conocemos la forma en la que el pecado reinó. Algunos pueden estar conociéndolo incluso ahora. Cuando el pecado reinaba, el reino era absoluto, de forma que era más fácil hacer lo malo que lo bueno. Queríamos hacer el bien; pero "no hago el bien que quiero; mas el mal que no quiero, éste hago" (Rom. 7:19). Ese es el reino del pecado. Así, cuando reinaba el pecado, era más fácil hacer el mal que hacer el bien.

"Así también la gracia reine por la justicia". Cuando la gracia reina, es más fácil hacer lo bueno que hacer lo malo. Esa es la comparación. Observad: De la manera que el pecado reinó, así también reina la gracia. Cuando el pecado reinaba, lo hacía contra la gracia; neutralizaba todo el poder de la gracia que Dios había dado; pero al ser quebrantado el poder del pecado, y reinar la gracia, entonces la gracia reina contra el pecado, y neutraliza todo el poder de éste. Así, es tan literalmente cierto que bajo el reino de la gracia es más fácil hacer el bien que el mal, como lo es que bajo el reino del pecado sucedía a la inversa.

Así pues, el camino queda despejado, ¿no os parece? Caminemos pues por él. "Para que, de la manera que el pecado reinó para muerte, así también la gracia reine por la justicia, para vida eterna por Jesucristo Señor nuestro. ¿Pues qué diremos? ¿Perseveraremos en pecado para que la gracia crezca?"

Decís, 'Dios no lo permita'. Está bien: No lo permita. Dios ha puesto su barrera, y vosotros subrayáis la negativa a perseverar en pecado para que la gracia crezca. Pero, ¿acaso no ha puesto Dios su barrera contra el pecar, en toda forma? ¿Subrayáis eso? ¿Os atenéis a la barrera que Dios ha puesto en el sentido de que no tenéis absolutamente por qué pecar, bajo el reino de la gracia?

Entonces ¿acaso no es su designio que seamos guardados de pecar? Puesto que sabemos que ese es su propósito, podemos esperarlo confiadamente. Si no lo esperamos, jamás tendrá lugar.

Así pues, el primer versículo del capítulo seis de Romanos enseña que es el plan de Dios que seamos guardados de pecar, ¿no es así?

¿Qué dice el segundo versículo?: "Los que somos muertos al pecado, ¿cómo viviremos aún en él?". ¿Qué significa este versículo? Que de ninguna manera continuaremos en pecado. Si hay muerte, tendrá que haber un funeral. Enterrados con Él por el bautismo, en la muerte, y resucitados para andar en novedad de vida. "Sabiendo esto, que nuestro viejo hombre juntamente fue crucificado con Él, para que el cuerpo del pecado sea deshecho, a fin de que no sirvamos más al pecado". Aquí está expuesto ante nosotros el camino, y es el camino de la cruz.

Ahora, notad en el texto tres cosas: Sabiendo esto, que nuestro viejo hombre juntamente fue crucificado con Él. ¿Y con qué objeto? "a fin de que no sirvamos más al pecado". A menos que el cuerpo del pecado sea destruido, serviremos al pecado. A menos que el viejo hombre sea crucificado, el cuerpo de pecado no es destruido. Por lo tanto, el camino para ser guardado de pecar es el de la crucifixión y destrucción.

La única cuestión que tenemos que resolver es pues, la siguiente: ¿Preferiré ser crucificado y destruido, antes que pecar? Si decides por siempre que estás dispuesto ahora mismo a afrontar la crucifixión y la destrucción, antes que pecar, no pecarás nunca. "Crucificado con Él, para que el cuerpo del pecado sea deshecho, a fin de que no sirvamos más al pecado". Por lo tanto, la liberación de ser siervos del pecado viene solamente mediante crucifixión y destrucción. ¿Elegirás el pecado, o elegirás crucifixión y destrucción? ¿Elegirás destrucción, y escaparás así al pecado? ¿o bien elegirás el pecado, y con él la destrucción? He ahí la cuestión. No existe otra alternativa. Quien mira de evadir, de escaparse de la destrucción, la encontrará seguramente. Quien elige la destrucción, escapará de la destrucción.

Bien, pues el camino de la destrucción por la cruz de Cristo, es el camino de la salvación. Jesucristo fue a la destrucción en la cruz, para salvarnos a ti y a mí. Traernos salvación a ti y a mí, costó la destrucción del Hijo de Dios en la cruz. ¿Consentiremos en la destrucción, para tener la salvación? Todo aquel que lo decida con firmeza, y se aferre a ello como a un vínculo permanente –que se preste a la destrucción a cambio de salvación, en cada instante de su vida–, no perderá nunca la salvación.

Pero aquí es donde viene el problema. La destrucción no es nada gratificante; no es fácil. No es fácil para el viejo hombre. No apetece de forma natural ser destruido; pero para aquel que lo experimenta, es fácil. Es fácil cuando se hace, y es fácil continuar por siempre, una vez se experimenta.

Ahora, ¿en qué momento debemos experimentarlo? ¿Cuándo es que nos presenta delante de su gloria irreprensibles? –Ahora: y el único camino es el de la destrucción. Ahora es el momento de elegir la destrucción. Ahora es el momento de entregarte por siempre a la destrucción. Pero si me retengo, si esquivo la destrucción, ¿de qué me estoy en realidad privando? –De la salvación. "Sabiendo esto, que nuestro viejo hombre juntamente fue crucificado con Él, para que el cuerpo del pecado sea deshecho, a fin de que no sirvamos más al pecado".

Si debo, pues, enfrentar alguna experiencia que me presione de tal modo que parece significar la destrucción, eso será bueno; ya que destrucción es precisamente lo que elegí, a fin de dejar de servir al pecado. Una entrega tal trae la afabilidad cristiana a la vida, ya que el gozo, la paz duradera y la satisfacción de ser guardado de pecar, bien valen la pena, aun al precio de toda la destrucción que pueda jamás sobrevenirnos. No es de ninguna manera un intercambio desfavorable, sino el más grandioso que jamás se haya ofrecido al hombre.

Crucifixión y destrucción, para no servir más al pecado, –ahí está, por lo tanto, el camino a la perfección cristiana. ¿Por qué?

–"Porque el que es muerto, justificado es del pecado" (Rom. 6:7). A Dios sean dadas gracias, aquel que es muerto, es liberado del pecado. Entonces, la única cuestión que puede surgir en vuestra vida o la mía, es ¿estoy yo muerto? Y si no estándolo, sucede algo que cumpla tal cosa, la única consecuencia es la liberación del pecado; y eso vale sobradamente lo que cuesta.

Vayamos al siguiente versículo: "Y si morimos con Cristo, creemos que también viviremos con Él". El primer versículo implica que seremos libres de pecado. El segundo implica lo mismo que el primero. El sexto dice: para que no sirvamos más al pecado; el séptimo dice que el que es muerto, es liberado de pecado; el octavo, que si somos muertos con Cristo, viviremos también con Él. ¿Dónde vive Él, en justicia o en pecado?

Cierto. Por lo tanto, es evidente que los versículos primero, segundo, sexto, séptimo y octavo del capítulo seis de Romanos, implican que seremos guardados de pecar.

¿Qué hay en cuanto al versículo noveno? "Sabiendo que Cristo, habi-endo resucitado de entre los muertos, ya no muere: la muerte ya no se enseñoreará más de Él". ¿Cómo fue que la muerte pudo tener entonces dominio sobre Él? –A causa del pecado. No el suyo, sino el nuestro; ya que "al que no conoció pecado, hizo pecado por nosotros". Pero la muerte no tiene ya más dominio sobre Él. Ganó la victoria sobre el pecado, y sobre todas las consecuencias de éste por siempre. Entonces, ¿qué nos dice ese versículo a vosotros y a mí?

—Que somos resucitados con Él. "Porque el haber muerto, al pecado murió una vez; mas el vivir, a Dios vive". Así, tanto el noveno como el décimo versículos implican también que seremos guardados de pecar.

El undécimo: "Así también vosotros, pensad que de cierto estáis muertos al pecado, mas vivos a Dios en Cristo Jesús Señor nuestro. No reine, pues, el pecado en vuestro cuerpo mortal, para que le obedezcáis en sus concupiscencias". La implicación, una vez más, es que no pecaremos.

"Ni tampoco presentéis vuestros miembros al pecado por instrumentos de iniquidad; antes presentaos a Dios como vivos de los muertos, y vuestros miembros a Dios por instrumentos de justicia. Porque el pecado no se enseñoreará de vosotros; pues no estáis bajo la ley, sino bajo la gracia". El reino de la gracia eleva las almas por encima del pecado, las mantiene allí, reina contra el poder del pecado, y libra al alma de pecar.

"¿Pues qué? ¿Pecaremos, porque no estamos bajo de la ley, sino bajo de la gracia? En ninguna manera". Así, desde el primero al decimocuarto versículos del capítulo sexto de Romanos, se predica una y otra vez liberación del pecado y de pecar. Eso es ya muchísimo, pero todavía hay más. "Vamos adelante a la perfección".

"¿No sabéis que a quien os prestáis vosotros mismos por siervos para obedecerle, sois siervos de aquel a quien obedecéis, o del pecado para muerte, o de la obediencia para justicia?". Librados del poder del pecado, ¿a quién os entregasteis? —A Dios; por lo tanto, sois sus siervos, puestos en libertad para el servicio de la justicia. No es el propósito de Dios que guardarnos de pecar resulte en una vida vacía, su propósito es el de un servicio activo e inteligente por nuestra parte, y que la justicia sea el único resultado. Ser liberado del pecado, y ser guardado de pecar, es algo grande y sublime; lo mismo cabe decir de ser hecho siervo de la justicia, de manera que nuestro servicio sea para justicia.

Por lo tanto, que toda alma se haga eco de las palabras: "Empero gracias a Dios, que aunque fuisteis siervos del pecado, habéis obedecido de corazón a aquella forma de doctrina a la cual sois entregados; y libertados del pecado, sois hechos siervos de la justicia". ¡Gracias a Dios por ello! Él dice que lo sois, y si es Él quien lo dice, ciertamente lo sois. Dadle gracias por ello. Agradecedle por ser liberados del pecado; y agradeced al Señor porque sois siervos de la justicia. Él os ha hecho tal cosa; ya que así lo declara.

Pero todo no acaba aún ahí: "Humana cosa digo, por la flaqueza de vuestra carne: que como para iniquidad presentasteis vuestros miembros a servir a la inmundicia y a la iniquidad, así ahora para santidad presentéis vuestros miembros a servir a la justicia. Porque cuando fuisteis siervos del pecado, erais libres acerca de la justicia". El Señor se refiere aquí a vuestra experiencia y la mía. "Cuando fuisteis siervos del pecado, erais libres acerca de la justicia". Sabéis que así es. Oíd el complemento de lo anterior: "¿Qué fruto, pues teníais de aquellas cosas de las cuales ahora os avergonzáis? Porque el fin de ellas es muerte. Mas ahora, librados del pecado, y hechos siervos de Dios, tenéis por vuestro fruto la santificación, y por fin la vida eterna".

No somos siervos del pecado, liberados de la justicia; sino que somos siervos de la justicia, liberados del pecado. Mientras considero estas cosas, y habiendo el Señor saciado mi alma con todo ello, acude a mi mente una expresión de Milton, que describe los cantos de los ángeles como "dulzura contenida en melodía sostenida". Ese capítulo seis de Romanos es una de esas notas de dulzura contenida en melodía sostenida.

Comienza con la liberación del pecado: algo grande. A continuación, liberación de pecar: extraordinario. Después, siervos de la justicia: maravilloso. Luego, santidad: sublime. Y sobre todo ello, finalmente, vida eterna. ¿No os parece que son notas –en este caso del Señor– de dulzura contenida en melodía sostenida? Oh, recíbelas, permanece en ellas, absorbe esas dulces notas, y permite que resuenen en tu ser día y noche: hacen bien al alma.

Y ese es el camino a la perfección cristiana. Es el camino de la crucifixión, para destrucción del cuerpo de pecado, para liberación de pecar, para servir a la justicia, a la santidad, a la perfección en Jesucristo, por el Espíritu Santo, para vida eterna.

Volvamos de nuevo a la afirmación de que los dones son para la perfección de los santos, "hasta que todos lleguemos a la unidad de la fe y del conocimiento del Hijo de Dios, a un varón perfecto, a la medida de la edad de la plenitud de Cristo". Ahí está el modelo. El camino por el que Cristo vino a este mundo de pecado, y en carne pecaminosa –vuestra carne y la mía, con la carga de los pecados del mundo–, el camino por el que Él vino, en perfección y para perfección, es el camino que expone ante nosotros.

Fue nacido del Espíritu Santo. En otras palabras, fue nacido de nuevo. Vino del cielo, el unigénito Hijo de Dios, a la tierra, y nació de nuevo. Pero todo, en la obra de Cristo, guarda un patrón inverso al nuestro: Él, quien no conoció pecado, fue hecho pecado, a fin de que nosotros pudiésemos ser hechos justicia de Dios en Él. Él, el que es, el que vive, el príncipe y autor de la vida, murió para que podamos vivir. Aquel cuyas salidas son desde el principio, desde los días del siglo, el Primogénito de Dios, nació de nuevo, para que nosotros pudiésemos nacer de nuevo.

Si Jesucristo nunca hubiese nacido de nuevo, ¿podríamos haberlo hecho vosotros y yo? –No. Pero Él nació de nuevo, del mundo de justicia al mundo de pecado; a fin de que nosotros pudiésemos nacer de nuevo, del mundo de pecado al de la justicia. Nació de nuevo, y fue hecho participante de la naturaleza humana, para que pudiésemos nacer de nuevo y ser así participantes de la naturaleza divina. Nació de nuevo, a la tierra, al pecado y al hombre, para que podamos ser nacidos de nuevo al cielo, a la justicia y a Dios.

El hermano Covert ha dicho que nos convierte en una familia. Ciertamente nos hermana, y Él no se avergüenza de llamarnos hermanos suyos.

Así pues, Él nació nuevamente del Espíritu Santo; porque está escrito que fue dicho a María: "El Espíritu Santo vendrá sobre ti, y la virtud del Altísimo te hará sombra; por lo cual también lo santo que nacerá, será llamado Hijo de Dios".

Jesús, nacido del Espíritu Santo, nacido de nuevo, creció "en sabiduría, y en edad" hasta la plenitud de la vida y el carácter en el mundo, llegando hasta el punto de poder decir a Dios, "Yo te he glorificado en la tierra: he acabado la obra que me diste que hiciese". El designio y plan de Dios en Él habían llegado a la perfección.

Jesús, nacido de nuevo, nacido del Espíritu Santo, nacido de carne y de sangre, lo mismo que nosotros, el Comandante de nuestra salvación, fue perfeccionado "mediante aflicciones". Porque "aunque era Hijo, por lo que padeció aprendió la obediencia. Y perfeccionado, vino a ser una fuente de eterna salvación para todos los que le obedecen" (Heb. 2:10; 5:8,9).

Jesús, pues, alcanzó la perfección en carne humana, mediante sufrimientos; ya que es en un mundo de sufrimientos donde nosotros, en carne humana, debemos alcanzarla.

Y aunque siempre estuvo creciendo, fue perfecto en todo momento. ¿Comprendéis eso? Ahí es donde muchos confunden el concepto básico de la perfección cristiana –piensan que la medida final es la única medida válida. Y es así en el plan de Dios; pero la medida final no se alcanza al principio. Vayamos nuevamente al capítulo cuarto de Efesios. Ahí se nos hace una sugerencia, en cuanto a cómo alcanzar esa perfección, –"la medida de la edad de la plenitud de Cristo". He leído el versículo decimo-tercero; ahora relacionadlo con el 14 y 15: "Que ya no seamos niños fluctuantes, y llevados por doquiera de todo viento de doctrina, por estratagema de hombres que, para engañar, emplean con astucia los artificios del error: Antes siguiendo la verdad en amor, crezcamos en todas cosas en aquel que es la cabeza, a saber, Cristo". Por medio del crecimiento es como debe cumplirse en vosotros y en mí; pero no puede existir crecimiento allí donde falta la vida. Se trata de crecimiento en conocimiento de Dios, en la sabiduría de Dios, en su carácter, crecimiento en Dios; por lo tanto, puede solamente darse por la vida de Dios. Pero esa vida es implantada en el hombre en el nuevo nacimiento. Nace de nuevo, nace del Espíritu Santo; y la vida de Dios es allí implantada, para que "crezcamos... en Aquel", ¿en cuántas cosas? "en todas cosas".

Recordáis que "el reino de los cielos es semejante al hombre que siembra buena simiente en su campo". "La simiente es la palabra de Dios". Se hace la siembra. Ésta crece día y noche, sin que se sepa cómo. Ahora, esa semilla, ¿es perfecta? –Sí: la hizo Dios. Comienza a brotar. ¿Que diremos del brote?

[Congregación: 'Igualmente perfecto']

¿Seguro?

[Voces: 'Sí']

No es una espiga cargada de grano; no es todavía un tallo erguido y fuerte; no es más que un simple brote que aflora en la superficie de la tierra. Pero ¿acaso no es perfecto?

[Congregación: 'Sí']

De acuerdo con su ciclo de desarrollo, es tan perfecto en ese momento, como lo será al final, cuando haya llegado a la maduración. ¿Lo comprendéis? No permitáis que esa confusión continúe, ¡desechadla!

Cuando el brote asoma de la tierra, os detenéis a admirarlo. Es merecedor de ello. Tiene el encanto de la perfección. Es un brote tan perfecto como el que más, pero no es más que una simple hoja lanceolada, que a duras penas se abrió camino hacia la superficie. Eso es todo cuanto hay por el momento, pero es perfecto. Es perfecto porque es tal como lo hizo Dios. Dios es el único que tiene algo que ver con él. ¿Lo veis? Pues bien, vosotros y yo, nacidos de nuevo de esa buena simiente que es la palabra de Dios –nacidos de la palabra de Dios y del Espíritu Santo, nacidos de la simiente perfecta–, cuando esa simiente brota y crece, y empieza a manifestarse en el hombre, se ven las características de Cristo. Y ¿cómo es Cristo? –Perfecto. Por lo tanto, ¿cómo es el cristiano en ese momento?

Si somos nacidos de nuevo por el poder de Jesucristo, y Dios mismo dirige la obra, ¿cómo será lo que resultará? –Será perfecto. En eso consiste la perfección cristiana, en ese punto. Jesucristo os presenta santos, irreprochables y libres de culpa, ante el trono de Dios, en ese punto. Aquel brote empieza a crecer y se yergue sobre el terreno; sale una nueva hoja; salen dos más, cada una de ellas tan hermosa como su gemela. La tercera aparece también; ahora ya es un tallo, y sigue creciendo. Presenta un aspecto muy distinto al que tenía al principio. Realmente diferente, pero no necesariamente más perfecto que el primero. Está más cerca de la perfección final, más próximo al propósito último de Dios; pero aún así, no por ello es más perfecto en su estado actual que cuando era un simple retoño surgiendo de la tierra.

Con el tiempo, crece hasta su altura definitiva. Se forma la espiga y aparece la inflorescencia, añadiéndole aún más belleza. Finalmente se llena de grano: es la espiga en su plenitud. Perfecto. Y cada grano no lo es menos. La obra, la obra de Dios, está allí consumada. Ha sido perfeccionada. Ha alcanzado la perfección, de acuerdo con el designio que Dios tuvo para ella al concebirla.

Eso es la perfección cristiana. Viene por el crecimiento. Pero este puede solamente producirse por la vida de Dios. Y siendo la vida de Dios la única fuente posible, solamente puede crecer de acuerdo con el orden de Dios. Sólo Él puede dirigir el crecimiento. Solamente Él conoce el modelo a la perfección. Cristo es el modelo. Dios conoce perfectamente el modelo, y puede hacernos crecer en perfección de acuerdo con ese modelo. Eso es así porque en ese crecimiento hay el mismo poder y la misma vida que hay en el modelo original, Jesucristo.

De igual forma que Jesús comenzó, al nacer, como un niñito en carne humana, para crecer después hasta acabar la obra que Dios le había asignado; así nosotros, nacidos de nuevo, creciendo en Él en todas cosas, llegamos ahora al día en el que, lo mismo que Él, diremos en toda justicia, "te he glorificado en la tierra: he acabado la obra que me diste que hiciese". Porque la Biblia dice que "en los días de la voz del séptimo ángel, cuando él comenzare a tocar la trompeta, el misterio de

Dios será consumado". Hoy es ese día. Se nos ha dado ese misterio a fin de que lo demos al mundo. Tiene que ser consumado para el mundo, y ha de ser consumado en aquellos que lo poseen.

Pero ¿cuál es el misterio de Dios? –"Cristo en vosotros, la esperanza de gloria". "Dios... manifestado en carne". Luego en esos días, el misterio debe ser consumado en los ciento cuarenta y cuatro mil. La obra de Dios en carne humana, Dios manifestándose en carne humana –en ti y en mí– tiene que llegar a su consumación. Hemos de ser perfeccionados en Jesucristo. Mediante el Espíritu hemos de llegar a ser un hombre perfecto, a la medida de la estatura de la plenitud de Cristo.

¿Qué os parece? ¿Vale la pena? ¿No es acaso el camino del Señor un buen camino hacia la perfección? Oh, entonces, "dejando la palabra del comienzo en la doctrina de Cristo, vamos adelante a la perfección; no echando otra vez el fundamento del arrepentimiento de obras muertas, y de la fe en Dios, de la doctrina de bautismos, y de la imposición de manos, y de la resurrección de los muertos, y del juicio eterno". Él nos libró del fundamento inestable que teníamos mientras estábamos en pecado. Que no haya otro fundamento que no sea el servicio a la justicia para santidad, y finalmente, la vida eterna.

Toda alma que afronte el juicio, y se mantenga en presencia del juicio, entregándose a sí mismo a la crucifixión y a la destrucción, encontrará en ello el cumplimiento, según el camino de Dios. Y además lo encontrará en el corto período en el que Él ha prometido conducirnos a la justicia.

Así pues, se trata únicamente de Dios, de la estimación que Él hace, de su norma. Cristo es el modelo, suya la obra en todas las cosas, en todo lugar y por siempre. Por lo tanto, tened buen ánimo. Sea Cristo el primero, el último y el todo en todos, en todo tiempo.

Review and Herald, 18 y 25 julio; 1 agosto, 1899.

Otros libros del Autor y del Mensaje de 1888 disponibles:

1. Descubriendo la Cruz, Autor: Robert J. Wieland.
2. Introducción al Mensaje de 1888, Autor: Robert J. Wieland.
3. 1888 Reexaminado, Autores: Robert J. Wieland y Donald K. Short.
4. He aquí, Yo estoy a la Puerta y llamo, Autor: Robert J. Wieland.
5. Diez Grandes Verdades del Evangelio, Autor: Robert J. Wieland.
6. Nuestro Glorioso Futuro, Autor: Robert J. Wieland.
7. Reavivamientos Modernos, Autor: Robert J. Wieland.
8. La Palabra se Hizo Carne, Autor: Ralph Larson.
9. Cristologia en los Escritos de Elena G. de White, Autor: Ralph Larson.
10. El Evangelio en Gálatas, Autor: E. J. Waggoner.
11. Carta a los Romanos, Autor: E. J. Waggoner.
12. El Pacto Eterno, Autor: E. J. Waggoner.
13. Cristo y su Justicia, Autor: E. J. Waggoner.
14. 1888 Materiales; Volúmenes 1-4 en español, Autor: Elena G. de White.
15. El Camino Consagrado a la Perfección Cristiana, Autor: A. T. Jones.
16. El Mensaje del Tercer Ángel; 3 Volúmenes, Autor: A. T. Jones.
17. Lecciones sobre la Fe, Autores: A. T. Jones y E. J. Waggoner.

*Si desea adquirirlos al por mayor (40% descuento), son por cajas de 50 libros (puede ser mixto) y nos puede contactar a este correo:

lsdistribution07@gmail.com

www.ingramcontent.com/pod-product-compliance
Lightning Source LLC
Chambersburg PA
CBHW080859010526
44118CB00015B/2207